酒井式描画指導で"パッと明るい学級づくり"

3巻

高学年が描く
イベント・行事＝
学校中で話題の
傑作！題材30選

酒井臣吾 プロデュース
片倉信儀 編著

学芸みらい社
GAKUGEI MIRAISHA

刊行に寄せて

　たった一つの作品を創り上げただけで、子どもたちの姿勢が前向きに変わり、学級を立て直した報告ほど嬉しいものはない。どんなに荒れていても子どもというものは良くなりたい、成長したいと願っているのだと信じられる。子どもたちがいとおしくなる。
　ここに30の報告例を挙げてもらったが、4ページの枠内では言い足りない面も多々あったようである。そこでいくつかの要点を挙げて補足する。

1、まず、美しさへの憧れを引き出そう

　授業の始まりにまず美しい完成作品をみせる。本書の中の写真を引き伸ばしても良い。1枚や2枚ではなく、なるべく沢山ドカンと見せてやりたい。この期の子どもたちはどんなに悪ぶっていても、美しいものには強い憧れをもっている。いや悪ぶる子どもならなおのこと美しいものに憧れを持つ。
　図工専科をした私の体験では、不思議なことにおとなしく平和なクラスよりも、多少荒れているクラスの方が、強い憧れを持っている子が多いと感じたものだった。
　ここは一つ「今日からこの作品を描きます」と自信たっぷりに宣言して、胸を張って授業に突入してほしい。
　「そんなの無理、無理」等という声が出るのは想定済みのこと、それは憧れへの裏返しのてらいにすぎないのだ。委細構わずに、満面の笑顔でしかも断固として、第一歩を踏み出したいものである。

2、そのための準備は、きっちり決める

　これだけは絶対やらねばならぬ準備がある。シナリオにそって教師自身が描いてみることだ。これをやらずには絶対に成功しないと断言してもいい。これは、描いてみればすぐ分かる。描いているうちに、まるで霧が晴れるように授業のイメージが見えてくるからだ。それも描けば描く程いい。1枚より2枚、2枚より3枚と描けば描く程、授業の形が鮮明になってくる。ファイトも湧いてくる。
　何より良いことは、自分がいかにヘタクソであるかがハッキリ見えてくることである。まずはその自分の弱点をしっかり自覚して指導に当たろう。必ず子どもたちに優しくなれる。優しさといっても弱い優しさではない。傍観者ではなく、共感者

としての優しさで子どもたちに対することができるようになるのである。

なにしろ、何枚も描き終わっているのだ。これから同じ課題に取り組む子どもたちが「同志」のようにさえ思えてくる。ここが全ての出発点である。

どんなに荒れていようとも、このかわいい同志としっかりと連帯し、堂々と指導を進めよう。

3、進度ごとに自分も一緒に描き進める

教師はすでに何枚も描いているのだが、授業が始まる前日、改めて第一次分の内容だけをもう一度描いてみることはもっともっと大切なことである。繰り返すが、例えば、第一次に草を2本描く計画なら草を2本だけ描いてみるのである。

え？　まだ描くの？　と言わないでほしい。これを外したらせっかく今までやって来たことが生きて来ないことになる。とにかく改めて第一次分の内容だけ描いてみるのだ。

こうすることで、どんなに余裕をもって子どもたちと対面できるか想像してみただけで楽しくなる。余裕たっぷりでしかも謙虚、その上優しい同志として子どもたちと向き合う教師、そんな教師の前でいつまでも荒れている訳にはいかなくなる。

このようにして、第二次、第三次と全く同じように進んでいくのである。子どもたちの絵が完成する1日前に教師の絵も完成することになる。

4．この時期の自信喪失は生涯を左右する

私見だが、少年期に描いた絵をけなされた子どもは、一部の例外を除いて生涯絵が嫌いになる。荒れているクラスの子どもたちは大体絵も荒れているからほめられることなどほとんどない。生涯絵が嫌いで終わるのである。絵だけの話ならまだ救われるが、それがもし自分自身の自信喪失につながっていくのではないかと考えると恐ろしくなる。

しかし、今まで述べて来た1、2、3、の指導法で授業を進める限り、子どもたちの作品をけなすことなど絶対にできないはずだ。自分の至らなさを知る者にとっては子どもたちの作品は全て感動の対象に変わってしまうからである。どうかその感動を心いくまで子どもたちに伝えていっていただきたい。

２０１７年１月

酒井　臣吾

はじめに

　15年ほど前、私は移動したばかりの学校で研究主任となり、学級担任をはずれていました。ところが、2学期の10月末から半年間、急遽、4年生の担任となりました。学級が荒れてしまい、担任が病休をとることになったからです。いじめ、教室内徘徊等のさまざまな問題で、授業が成立していませんでした。

　何とか半年間で立ち直らせ、彼らが5年生になった時、私は学級担任をはずれました。ただ、校長先生から「図工で少しでもいいからあの学級に関わってほしい」と言われ、図工の専科として彼らと関わることになりました。

　4年生の時の5ヵ月間は、満足に「酒井式」を実践できなかったものですから、これは神様が？くれたチャンスなんだと思い、思いっきり「酒井式」を指導しました。やんちゃ軍団にいた子、おとなしくていじめられがちな子、教室が騒がしくて勉強ができなかった真面目な子たちが、コンクールにどんどん入選していきました。その中の一部ですが、このページに掲載されている絵です。

　右上は、県の展覧会に出品したものです。左下は、全国読書感想画コンクールで毎日新聞社賞をいただきました。とても、思い出に残っている子どもたちです。担任も喜んでくれました。

　その後、新しい学校に赴任し、前年度新型学級崩壊になりかけていた学年の学年主任となりました。5年生でした。母親たちがメール交換をしていろいろな情報を共有し、学校に抗議の電話をかけてくる、いわゆる、モンスターペアレント（TOSS代表向山洋一氏が名付けました）がいる学年でした。また、支援を要するグレーゾーンのお子さんたちもいました。

赴任してきて、まず、学年でやったことは、「○色っぽいふくろう」を図工の授業開きで行ったことでした。学年3クラス110名の子どもたちが、集中して一発彩色、グラデーションに取り組みました。この様子を学年通信や学級通信ですぐ紹介しました。これで保護者の気持ちをがっちりつかみました。

　秋のコンクールシーズンには物語の絵「かしわ林の夜」を描かせました。ここで

も、5年間賞状にまったく縁の無かった子が県の造形展や絵画展にどんどん入選していきました。学級が明るく楽しくなりました。

　次年度、持ち上がりの6年生で、学年主任になりました。この時は、学年で風景画に取り組みました。「電柱のある風景」に取り組ませたかったのですが、描きがいのある？電柱が無く、か細い電柱しかなかったので「私のまち」という題材にしました。ここでも、コンクールにどんどん入選しました。もちろん、6年間賞状にまったく縁の無かった子の作品ばかりです。保護者は大喜びでした。

　振り返ってみると、この子どもたちを卒業させるまでの2年間、ほとんど苦情らしい苦情は寄せられませんでした。

　このように、本書には、学級が荒れて大変だった時に行事やイベントに関する絵を描かせて、学級が落ち着いてきた実践が掲載されています。南は九州、北は北海道までの各地の仲間が書いたものです。もちろん「酒井式描画指導法」で描かせたものばかりです。あるいは自分で作ってすぐ遊べる楽しい工作の実践もあります。

　明日の図工の授業にすぐ役立つものばかりです。ぜひ手に取ってご覧ください。

　最後に、いつも適切なアドバイスをしてくださった酒井式描画指導法研究会主宰酒井臣吾氏、出版の機会を与えて下さった学芸みらい社樋口雅子編集長に深く感謝の意を表します。ありがとうございました。

（片倉信儀）

目　次

刊行に寄せて　　酒井臣吾 …………………………………………………………2
はじめに　　　　片倉信儀 …………………………………………………………4

1学期　子どもの真剣力を引き出す題材 13選！

1「黄金の三日間」で明るい学級トーンをつくる！
（1）佐藤式工作「不思議な顔」でおもいっきり笑う「口出しお面」
　　〜とにかく楽しく成功体験〜 ………………………………………… 12
（2）みんな笑顔「ぼくの顔、わたしの顔」
　　〜似顔絵って、教師がたくさんほめることができる題材〜 ………… 16
（3）みんな真剣に「○色っぽいふくろう」
　　〜荒れていた学級でも真剣になった彩色〜 …………………………… 20

2 真剣力増す大作づくり！
（1）ちょっと飛び出して風景画「菜の花のある風景」
　　〜6年生全員が満足した新シナリオ〜 ………………………………… 24
（2）写生会の題材1「港の風景」
　　〜綿棒とクレヨンで成功体験を積み上げる〜 ………………………… 28
（3）写生会の題材2「電柱のある風景」
　　〜暗い教室に子どもらしさが見えだした〜 …………………………… 32
（4）躍動感ある運動会「体育大会ポスター」
　　〜早くて失敗ゼロ、切り貼り法で表現〜 ……………………………… 36
（5）運動会を再現しよう「騎馬戦」
　　〜決定的瞬間、一版多色刷りで〜 ……………………………………… 40

3「ダラーンとした教室」に効く"このシナリオ"
（1）作って遊べる佐藤式工作「コロコロころりん」
　　〜ガラッと変わる学級の雰囲気〜 ……………………………………… 44

（2）キャラクターがとんでいってしまう「面白ロケット」
　　　〜作って遊んで学級が一つに〜 ……………………………… 48
（3）おもいっきりとばそう佐藤式工作「ブーメラン」
　　　〜真剣に取り組んだやんちゃっ子〜 ……………………… 52
（4）雨の日にチャレンジ「ホタル狩り」
　　　〜梅雨の気分を吹っ飛ばすにじみ技法〜 ………………… 56
（5）ポスター「ラグビーワールドカップ2019」
　　　〜人体構造図を使って自由な発想を引き出す〜 ………… 60

2学期　学級を盛り上げ、学級が楽しくなる題材11選！

1　展覧会、コンクールで入賞！　学級が盛り上がる！
（1）スケッチ大会で風景画「遠近のある風景」
　　　〜踏ん切る・集中する・よしとする・それを生かす〜 ……… 68
（2）主調色で描く「校舎の絵」
　　　〜常に騒然としている学級が熱中〜 ……………………… 70
（3）美しさにびっくり「モチモチの木（絵の具バージョン）」
　　　〜県展入選作ができるまで〜 ……………………………… 74
（4）さまざまな構図に仕上げる「百羽のつる」
　　　〜初めての酒井式で県展入選したやんちゃ君〜 ………… 78
（5）県展覧会でNo.1になった「ふるやのもり」
　　　〜絵が苦手だった子どもが盛り上がった〜 ……………… 82
（6）宮沢賢治を描く「銀河鉄道の夜」
　　　〜根気よく主調色で丁寧に〜 ……………………………… 86
（7）民話を題材にして描く「花さき山」
　　　〜保護者も絶賛する作品完成〜 …………………………… 90
（8）たらし込みの美しさを味わう「雪わたり」
　　　〜頑張ることがカッコ悪いと思っている子が〜 …………… 94

2 ざわつく学級に特効薬"このシナリオ"！
（1）思わず笑っちゃう「ピーひょろろ」
　　〜ざわついている教室に集中力が〜 …………………………………… 98
（2）擬態する新種の生き物
　　〜クスッと笑う作品づくりで落ち着いた教室に〜 ………………… 102
（3）モチモチの木の「ランプシェード」
　　〜灯りがついた瞬間、教室に感動が〜 ………………………………… 106

3学期　明日に向かって、自分を見つめ直す題材6選！

1 隠れている真剣力を引き出す版画シナリオ！
（1）木版の美しさが際立つ「楽器を演奏する自分」
　　〜彫刻刀で描くように彫って生き生きした線を表現〜 …………… 112
（2）黒の画用紙がいきる一版多色刷り「モチを食べる自分」
　　〜けがの心配が少ない版画指導〜 ……………………………………… 116
（3）一度はチャレンジさせたいステンシル1「ごんぎつね」
　　〜1年間を達成感を持って終わらせる〜 ……………………………… 120
（4）一度はチャレンジさせたいステンシル2「ホタルブクロの花」
　　〜心奪われる美しい作品づくりを〜 …………………………………… 124

2 中学生になる自分を思い描く題材！
（1）自分発見の「自画像」
　　〜6年間の思い出の場所で〜 …………………………………………… 128
（2）さようなら教室「校舎の窓から」
　　〜落ち着きのない学級の作品が特選に〜 …………………………… 132

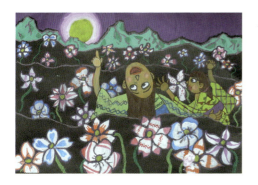

1学期に描かせたい行事・イベント

「神が与え賜うた"3日間"」ということわざが西洋にはある、とお聞きしたことがあります。日本の教育界にも「黄金の三日間」という絶大な効果がある実践例があります。学級開きの3日間に、これも全国各地で効果が実証済みの酒井式描画指導で、子どもの心をがっちりゲットしてみませんか。本書では3本の実践を掲載しています。まず、これらの実践で子どもたちの気持ちをがっちりつかんでみましょう。

子どもの気持ちをつかんだところで、4、5月にちょっとした大作に取り組んでみてはいかがでしょうか。さらに、子どもたちの気持ちをわしづかみにします。地域によっては写生会や運動会が行われます。思い切って外に飛び出して風景画に取り組むのもいいでしょうし、運動会のポスター作りや、運動会の競技の絵に取り組むのもいいでしょう。本書では、風景画の実践、運動会のポスターや絵の実践を紹介しています。

4月からさまざまな行事をこなしてきた高学年の子どもたちです。6月には、ちょっと気持ちが緩んで学級がダラーンとした雰囲気になるかもしれません。そのような時は、短時間でできる工作がお薦めです。本書では3本の実践を紹介していますが、どれもお薦めです。きっと、学級がほんわかとした温かい雰囲気に包まれると思います。

あるいは初夏の雰囲気を味わわせてみるのもいいかもしれません。1本素敵な実践を紹介しています。「ホタル狩り」です。また、楽しい夏休みに向けて、宿題の参考になるポスター作りも掲載しています。

(片倉信儀)

1学期
子どもの真剣力を引き出す題材13選！

1 「黄金の三日間」で明るい学級トーンをつくる！　4時間

（1）佐藤式工作「不思議な顔」でおもいっきり笑う「口出しお面」

～とにかく楽しく成功体験～　　　　　　　　　　　　　　　伊藤　新吾

　4月の初めの図工は、どうしても全員に成功体験を積ませたい。しかも、楽しく。

　「今まで工作は苦手だったけど、これならできる」「先生のいうとおりにやったら楽しかった」という経験を最初にさせることで、今後の授業に期待を持たせ、教師の権威を勝ち取る。

　完成作品はユーモラスなので、教室掲示にも学級通信で紹介するのにも向いている。（5年生作品）

◆ 準備物

　『1枚の紙とはさみで』
・A4コピー用紙　・はさみ　・糊　・色画用紙（八つ切りの半分）
　『口出しお面』
・はさみ　・糊　・色画用紙（八つ切りの半分）　・折り紙

◆ 指導手順

第1幕
一枚の紙とはさみで見たこともない顔を作る（45分＋15分）

　まずは基本を指導しなければならない。はさみと糊の使い方である。高学年であっても習っていない子どもは多い。

　「初めての工作は、これを作ります」と完成形を示す。「へぇ〜」「かっこいいね」と昨年は「やりたくねー」と叫んでいた、やんちゃ男子

にも好印象の様子だ。

「先生の指示を聞いて、ゆっくりやればこれより素敵な作品ができますよ」と話す。「ゆっくり」がポイントだ。

作り方は、以下の通りである。

1　Ａ４二つ折りの紙を好きな形に切る。

2　目と口をくりぬく。

3　開いて確認。

4　再度二つに折って好きな模様を切り抜く。

子どもたちには好きなだけ練習をさせた。

「ゆっくり、はさみの奥の方で切るんだよ」と声をかける。子どもたちは真剣な表情ではさみを動かした。

次に台紙を作る。「黄＋緑」「赤＋黒」「ピンク＋紺」の組み合わせから選ばせた。薄い色の画用紙を広げて、はみ出すように貼る。

「糊は端までつけます。下に紙を敷いて、はみ出すように糊をぬります」と指導する。

最後にセロハンテープを丸めて、作品が立体的になるように台紙に貼れば完成だ。

子どもたちは貼り方一つで表情が全く変わることに、驚き、大笑いしていた。

作品はどの子もみんな大成功。「何を作れば良いか最初に頭に浮かばなくても、先生と一緒にやっていくうちに成功する」という体験をしたのだ。

第2幕
口出しお面を作る（45分×2）

　初めに口出しお面をかぶって教室に入る。子どもたちは「何それー」「プロレスのマスクみたい」と笑っている。「今度の図工はこれを作ります。完成した後はかぶって一人ひとり写真を撮ります」と話すとますますガヤガヤとヒートアップする。しかし、やんちゃな男子は大張り切りだ。作り方の基本は前時と変わらない。

1　八つ切り画用紙半分を折って基本形を作る。
　できたら折り目からはさみを入れ、目をくりぬく。

2　目の周りを折り紙で飾る。
　目の穴に折り紙をあてて鉛筆で形をなぞり、その周りに好きな模様を描くと、穴の形と飾りがぴったりできる。

3 色画用紙や折り紙で自由に飾り付ける。マスクの外側にはみ出る飾りは色画用紙、マスクの中に貼るのは折り紙、と材料を使い分けると良い。完成したら、耳にかけられるようゴムを裏につける。

　基本形はしっかりみんなで作る。しかし、そこができれば後は自由。このさじ加減がやんちゃ男子にはちょうどいい様子だった。
　「先生！　写真を撮って！」「おい、一緒に写ろうぜ」と声をかけあう子どもが多く、教師の前では写真撮影を待つ行列ができた。

◆ 学級通信に掲載

　写真は学級通信に掲載した。題名は「この人は誰でしょう??」だ。
　写真に番号をつけて、モデルの名前をふせておく。「お家の人は君たちを見つけてくれるかな？」といいながら通信を配布した。
　次の日、子どもたちから反応を聞いた。「1番は○○君じゃない？　ってお母さんが言ってた。全然違うよね！」「私はすぐにお母さんに当てられちゃったよ」「うちの親、俺のこと全然見つけてくれないんだ」などと楽しそうに報告してくれた。親子の楽しい話題になったようだ。

1 「黄金の三日間」で明るい学級トーンをつくる！　2時間

（2）みんな笑顔
「ぼくの顔、わたしの顔」

〜似顔絵って、教師がたくさんほめることができる題材〜　　　神野　裕美

　4月最初の図工の時間。どの学年を担任しても、必ず酒井式シナリオ「ぼくの顔、わたしの顔」に取り組んでいる。似顔絵を描いているとみんな笑顔になる。なぜなら教師が「たくさんほめる」ことができるからである。

◆ 準備物
・八つ切り白画用紙
・クレヨン（こげ茶、深緑）
・絵の具

第1幕
クレヨンで自分の顔を描く（45分）

　「これからこんな風に、自分の顔を描きます」と言って、たくさんの似顔絵を紹介した。「え〜　いやだぁ」と叫ぶ子どもたち。頭の中では、鏡を持って自分の顔と向き合っている姿を思い浮かべているようであった。マンガ風ではなく、リアルな顔を描くことにも抵抗を感じたようだ。

「図工の時間は、自由にお絵かきをする時間ではありません。先生のお話をよく聞きながら描き進めてくださいね。勝手に描き進めません」きっぱりと伝えた。酒井式で「教師の話を聞く」という学習規律を教えたのである。

前年度、生徒指導の問題が数多く起きた学年である。「今度の担任はどんな先生なんだろう」私を注意深く観察しているのがよくわかった。たくさん叱られてきた子どもたち。自己肯定感も低く自分に自信がない子が多い。「似顔絵」を描くことを通して、ほめてほめて子どもたちに達成感をもたせたいと思った。

「まず自分の鼻。穴が２つあるね。指をいれてごらん」やんちゃな男子が指を入れて笑わせてくれた。一気に和やかな雰囲気になった。

「前を見ます。こんな風に、まず鼻の穴２つ描きます。ゆっくりとかたつむりの線で描きます。かたつむりの線とは、かたつむりが動くようにゆっくりゆっくりと、線に魂を込めて描く線のことです。これから１年間、絵を描く時はかたつむりの線で描きますよ」

今まで子どもたちは自由に絵を描いてきた。酒井式描画指導法はまだなじみがない。酒井式の基本原則「かたつむりの線」をここで教えた。

「かたつむりがスタートします。ようい、スタート」

「すごい。さすが６年生」

「言われたことがすぐできるね」「丸の大きさがちょうどいい」鼻の穴２つ描くだけでこんなにほめることができた。その後は、指示を聞いて描くという約束を守って描いていた。

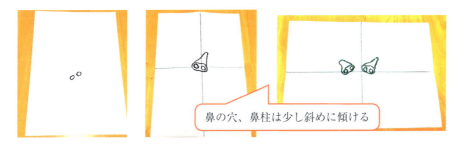

鼻の穴、鼻柱は少し斜めに傾ける

（鼻の位置は、上の写真のように画用紙を４つに分けて示すとわかりやすい）

酒井式の似顔絵は、自分の手で顔を触って触感を楽しみながら描いていく。
「目、○○ちゃんぱっちりしてるね。○○君は切れ長でかっこいいね」
「眉毛、ほら、ふさふさしてるでしょう。あ、ゲジゲジの人もいる？」
「ほっぺた、ふわふわ〜」と言いながら描いていく。楽しみながら描いていると、なぜか本人の顔に似てくるのである。不思議である。今回も子どもたちと会話を楽しみながら授業を進めることができた。出来上がった顔を見て、
「すごい。○○君、似てるよね」「そっくり」などと、隣の子や班の友だちと見せ合いながら盛り上がっていた。

第２幕
彩色する（45分）

　パレットに、肌色または黄土色、朱色、青色を用意させた。
「これから３色の肌色を作ります」
「パレットの大きいところ、まず肌色を筆でとって水をたっぷりいれます」
　色作りについてこのような指示を受けるのは初めてだったようで、たっぷりの水がどれくらいなのか理解できない子がたくさんいた。そこで、１人１人パレットチェック。「水の量ＯＫ」「まだ足りない。もっと入れて」と確認してから色をぬらせた。ぬり方はさすが６年生である。「線をふまないようにぬる」「３色の肌色を使い分けながらぬる」どの子も真剣な表情で色をぬっていた。似顔絵を描く授業を通して、図工の授業で大切な学習規律や、絵を描く時の基本を教えることができた。

1学期　子どもの真剣力を引き出す題材13選！

◆ 掲示を工夫する

　出来上がった似顔絵を見て、顔の大きさがバラバラなのが気になった。クレヨンで描く時に、鼻や口はどれくらいの大きさで描くとよいかを説明したつもりだったが、39人の子どもたちに届いていなかった。自分に自信がない子や図工が苦手だと思っている子は、小さく描いてしまっていた。そこで1人1人の顔を切り取ってみた。ラシャ紙に貼るとバラバラな大きさが「みんな違ってみんないい」。クラスの学級目標にふさわしい作品が完成した。

　（左の写真）4月クラス前の廊下の様子。みんなの笑顔で明るい雰囲気となった。通り過ぎる他の学年の子どもや先生も、立ち止まって「いいねぇ」とほめてくれた。
　（右の写真）隣のクラスは、学級目標と一緒に教室後方に掲示をした。チームワークを高める学級づくりに一役かっている。
　4学年の先生から「似顔絵の指導の仕方を教えて」と頼まれた。4年クラス前もダイナミックな似顔絵がズラリと並んだ。
　学級開きは、「ぼくの顔、わたしの顔」で良いスタートをきることができた。

1 「黄金の三日間」で明るい学級トーンをつくる！　2〜3時間

（3）みんな真剣に「○色っぽいふくろう」

〜荒れていた学級でも真剣になった彩色〜　　　　　　片倉　信儀

　この本の第二章（1）に出ている子どもたちが一番最初に取り組んだものである。新学期が始まって2日目、図工開きの授業として行った。

　子どもたちがこちらの様子（担任）をうかがっているのが手に取るようにわかった。（こいつどんなやつなんだろう。この先生楽しいクラスにしてくれるのかな？　暴れても大丈夫なのか？）とさまざまなことを考えていたらしい。後日談であるが……。

　そのような何とも言えない重っ苦しい雰囲気の中で授業を始めた。

　このシナリオは『酒井式描画指導法の追試「ツルリ」とした顔よ、さようなら』（大河内義雄著・明治図書・1991年刊）に掲載されている。

◆ 準備物
・八つ切り白画用紙を半分に切ったもの
・絵の具

第1幕
彩色の仕方を説明する（15分程度）

　このシナリオは正確に言うと、酒井式彩色ワーク・サンプルの中の一つである。注意点は、次の4つである。

　●赤・黄・青・白の4つから色をつくりましょう。

- ●赤色っぽいとか、紫色っぽいとか、水色っぽいとか色のかんじを決めてね。
- ●パズルのようにひとマスずつ色をつけましょう。
- ●ふくろうだからって茶色でなくてもいいんだよ。

　ふくろうが描かれている画用紙を渡すと、「何これー」「ふくろう?」といった小さな声が聞こえた。内心(つかみはOKだなー)と思った。

　次に、青・赤・黄のチョークで写真のように板書した。「青と赤を混ぜると何色になりますか?」と聞くと、誰も答えなかった。シーンとしたままだったので、笑顔で「紫だよね」と答えを教えた。

　「じゃ、青と黄を混ぜると?」と聞くと、ちょっとたってから「緑」という小さな小さな女子の声が聞こえた。またもや笑顔で「そうですね。緑ですよね」と確認した。

　「これは難しいぞ。赤と黄を混ぜると」と聞くと、あちこちで「えーっ」とか「なにー」という声が聞こえた。色々と問題を起こしていた男子も反応しだした。そのうち「オレンジ」と一人の女子がつぶやいた。「おーっ! いい線いってる!」と大げさにほめた。

　すると、やはり女子から「みかん色」「桃色」という声が出てきた。「いいね。い

いね」とさらに大きな声でほめていった。

　そのうち、一人のやんちゃ坊主が「赤黄色」と声を出したので、「そういう答えを待ってたんですよー。ちょっと違うけど……」と答えるとクスクスという小さな笑い声が聞こえてきた。当のやんちゃ坊主は、怒られると思っていたらしく、きょとんとしていた。

　その時、「橙色」という声がしたので、「大正解！」と告げたところ「おーっ！」という歓声が上がった。

　これだけ惹きつけられたら、もうこっちのペースである。そして、次のように説明した。

> 　今日は、この６色（青・赤・黄・紫・緑・橙）の中から１色パレットに作ります。これを基本の色とします。そこに、青や赤や黄を少し混ぜて色をつくり、ふくろうをぬっていきます。まず、色を決めて作ってみましょう。（左下写真）

第２幕
彩色する（45分×２）

　パレットに１色作らせた後、青や赤や黄を少し混ぜた色を作らせた。
　いよいよ彩色に入るが、３つのことを注意した。

- 色を一発でぬる。画用紙を何度もこすらない。
- できるだけ線を踏まないで彩色する。
- 絵の具が濃くならないようにする。

一番最初にぬるところは目の下の所からぬるように指示した。

やんちゃ君たちも真剣に描き始めた。しっかり者の多い女子もさらに真剣に描き始めた。授業が終わった時、「シーンとした教室で勉強するって、先生、いいもんですよね」と数名の女子が私に言ってきた。

2時間続きの授業だったが、どの子も一心不乱という言葉がピッタリ当てはまるように彩色していった。子どもたちの真剣力を引き出した授業となった。

この後、もう1時間、時間をとって仕上げさせた。3時間あれば、ほとんどの児童が描けるので、学期始めの掲示物に最適である。私も最初の学習参観の時に、全員分廊下に掲示した。

2 真剣力増す大作づくり！

（1）ちょっと飛び出して風景画「菜の花のある風景」

8時間

～6年生全員が満足した新シナリオ～　　　　　　片倉　信儀

「俺、ベランダから飛び降りてやる」と担任を困らせていた学級。殴る・蹴るのケンカが絶えず、親の呼び出しが絶えなかった学級。授業中は賑やかで落ち着いた雰囲気がまったくなかった学級。そんな学級を引き継ぐことになった私。こんな学級を図工の時間でも立て直していった。ここは、やっぱり子どもが落ち着く、あの妙薬を繰り出す以外にはない。なぜなら、手と脳は、緊密に関係していることが証明されているのだから絵を描かせるのが一番ではないか。とりわけ「酒井式描画指導」の、「カタツムリの線」を体験させることだ。この子たちに今一番大事なのは、

- ●物事への対応の丁寧さ
- ●集中力をつけること

ではないか。今回は「菜の花のある風景」に取り組んだ。（なお、「菜の花のある風景」は『酒井式描画指導法・新シナリオ、新技術、新指導法』（学芸みらい社・2015年刊）に詳しく掲載されている）

◆ 準備物
・四つ切りケント紙
・鉛筆（4B）もしくはサインペン
・ポスターカラー（レモンイエロー、イエローディープ、コバルトブルー、セルリアンブルー、ウルトラマリンブルー）

第1幕
1本目を描く（45分×2程度）

最初に教材研究で描いた完成作品を見せた。見せた途端に「おーっ」という歓声が上がり、やんちゃ坊主たちも食い入るように見ていた。

まず、蕾（つぼみ）から描いていく。前掲書によれば、実物を脇に置いて描くことになっているが、菜の花の時期が過ぎていて実物を用意できなかった。教師が描き方を教えて進めた。

左のように蕾を描いてみせ、それをまねて子どもたちは4Bの鉛筆で描いていった。蕾の次は花びらを描いて見せた。左下の写真である。その後、茎、種の莢（さや）、葉という順番で描いた。

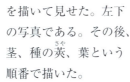

形ができたら右のように彩色していく。花の色はポスターカラーのレモンイエロー、蕊（しべ）の部分はポスターカラーのイエローディープで彩色する。茎や葉などは緑色や黄緑の絵の具で彩色する。1本目が完成したら2本目を描く。やんちゃ君たちも、写真のように真剣に描いていた。

25

第2幕
2本目を描く（45分＋15分程度）

　右のように、花の高さが同じようにならないように描いていく。また、交差させると奥行きが出てきてさらに素敵になる。酒井臣吾氏は前掲書の中で次のように言っている。
　「2本目を描く頃から、疲れが出るので、できる限りいい点を見つけてほめ続けよう」
　やんちゃ君たちに「疲れたろう。ちょっと休もうか」と聞いたら、「先生。まだまだやれますよ」と言われ、女子には「先生。集中して描いているから、ちょっと黙ってください」と言われた。第2幕も、子どもたちは一生懸命描いていった。もちろん、ほめ続けたからだと思う。「花びらの色がとてもきれいだね」、「蕾の描き方がとてもいいよ」、「蕊まで丁寧にぬっているね」、「この重なりがいいんですよ」といったように一人ひとりをほめていった。

第3幕
3本目以降を描く（45分×2程度）

　子どもたちは、もう菜の花の描き方がしっかり頭に入っていたので、一人でどんどん描いていった。重なりにも意識して描けるようになっていた。「先生。俺、6年間で一番上手に描けていると思う」と一人のやんちゃ君が言っていた。

第4幕
遠景を描く（45分×3程度）

ここで気をつけることは、遠景は必ず画面の下方3分の1より高い位置にならないように注意する、ということである。

さらに…できれば本物を見て描いてもらいたいが、校外へ出ることができない場合は写真などを見て描いてもよい、ということである。

私の場合は、教室の中から見える風景や、廊下の窓から見える風景を描かせた。もちろん、よく見えないという子には外で描かせた。海を描きたいと言っていた子には、図書室から本を借りて描かせた。全員ができたところで、黒板に貼りだしてみた。1枚1枚貼るたびに歓声が上がった。

また、ここでは、空の彩色に気をつけなければいけない。下記の通りである。いわゆる「ぼかし」の仕方である。

1. 菜の花の周りに水をぬる。水だけではぬったことがわからないのでほんの少しだけ青色の入った水をたっぷりぬる。
2. 菜の花の茎や葉や花のすぐわきは1mmほど残しておく。
3. 濃い空の色をぬってぼかしていく。
4. 絵の具は、ポスターカラーのコバルトブルー、セルリアンブルー、ウルトラマリンブルーを使用する。

今まで、満足に作品を仕上げなかったやんちゃな子どもたちが、とても美しい作品に仕上げた。うれしいことに、酒井式展覧会に2名の子が選ばれ、全国教育美術展で3名の子が入選した。作品が完成した時、ちょうど学習参観だったので廊下に全員の絵を掲示した。廊下を通る多くの保護者の方々が、絵の前で足を止め、「うわーきれい！」「さすが6年生の絵だよね」「まるで菜の花畑にいるみたい」と言っていた。もちろん、6年生の保護者は「先生。あの子たちが描いたんですよね。びっくりしました」「みんな上手ですよね」等、ニコニコ顔で言っていた。

2 真剣力増す大作づくり！　　　7時間

（2）写生会の題材1「港の風景」

～綿棒とクレヨンで成功体験を積み上げる～　　　　　　伊藤　新吾

写生会で荒れている子、やんちゃな子が集中して丁寧に取り組む方法がある。
・成功までの見通しがある
・何をやればよいのかわかる
　だから集中できるのだ。
クレヨンと綿棒を使って、ひとつひとつ積み上げていくこの描き方ならば不器用な子も成功体験を積むことができる。（6年生作品）

◆ 準備物
・四つ切り画用紙　　・黒マジックペン　・クレヨン　・綿棒（10本程度）
・水彩セット　　・刷毛（太い筆でも可）

◆ 指導手順
第1幕
船を写生する（20分＋45分×2）

　港まで出かけていき、写生することにする。子どもたちは「イエーイ！」「一緒に描こうぜ」などとウキウキ状態である。しかし、このまま教室から出るとトラブルが多発することは目に見えている。そこで、
（1）港に行く前に、教室で20分程練習をする。
（2）写生時間はなるべく短く、2単位時間程度とする。
という方針で写生会を行うこととした。

練習は①描きはじめる場所を決める②そこから少しずつ広げる③立体の描き方を学ぶ、の３つである。教室にある時計を題材にして練習した。

さて、港では最初にどの角度で船を描くのかを決めさせる。走り回りたくてうずうずしている子どもたちに、行ってよい範囲を示し、一度決めた場所から動いてはいけない旨を伝える。「約束を破った子は先生の隣に座ってもらいます。先生と二人っきり。写生会デートです」というと、子どもたちは「やだ～」「それだけは勘弁してくれ～」と笑いながらそれぞれの場所を決めていた。

決まった子から、今度は船のどこから描き始めるのかを考えさせた。

どこから描いていいかわからないと悩む子どもには、「なるべく簡単な形のところから描き始めなさい」と指示した。

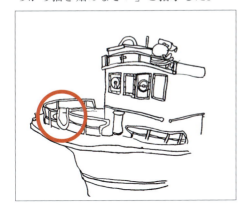

左のような場所からである。

そこから徐々に周囲に広げながら描いていく。多くの子が船の全体像が画面からはみ出す、「アップの図」になる。

２単位時間で帰校としたので完成しなかった子も多い。その子のために、描いてる絵と同じ角度の写真を撮影しておき、休み時間や放課後に描かせた。

第２幕
船を着色する（45分×3）

船の着色は教室でクレヨンで行った。

「今日はクレヨンで船をぬります。こんな風になります」とクレヨンで混色した船の絵を見せる。「これがクレヨン？」「嘘でしょう？」と驚く子どもたち。子どもたちは、クレヨンはこれまでも使ったことはあるが、綿棒での混色ははじめての経験であったため、教師の見本の絵を見てもクレヨンで描かれているとは信じないの

だ。

　実際に目の前でぬって見せると「きれいだ」「早くやってみたい」と興奮してすぐにやりたがったが、クレヨンは強くぬってから綿棒で伸ばさなければきれいに混色しないので、その点を強調してから活動させた。

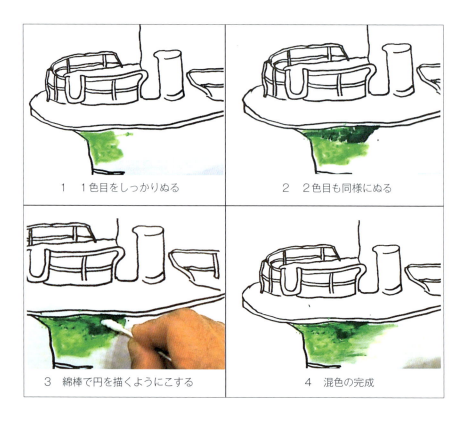

1　1色目をしっかりぬる　　　2　2色目も同様にぬる

3　綿棒で円を描くようにこする　　4　混色の完成

　やることが明確なので熱中する。しかもやんちゃな子も不器用な子もはみ出さずにぬることができる。ただ、この作業は少しずつしか進まないので、早い子でも完成には2単位時間はかかった。集中力が続かない子もいるので、休憩の回数を多く（時間は短く）取りながら行った。

第3幕
遠くの街並みを描く（45分）

　船の着色が終わった子どもから背景を描かせた。

　遠くの町並みや山である。実際には見えなくてもかまわない。地域の風景の写真を見ながら、自分なりにイメージしながら描いた。

　着色は薄めに水彩絵の具で行った。主役である船を強調するためだ。

　海と空は太い筆で一気にぬる。海は「青、水色、青緑、青紫」など、空は「空色」でさーっとぬっていく。

　船はクレヨンで描いているため、絵の具をはじく。絵の具が船にはみ出してもかまわない。大胆にどんどん着色できる。今までずっと細かい作業をしてきた子どもたちは「あっという間にできる」「楽ちんだなぁ」「俺の性格に合う」と嬉しそうだった。

　「夕焼け空を描きたい」という子がいた。学校帰りに見る夕焼け空が好きなのだそうだ。空を「黄色、橙、赤紫」などでぬり、海にも黄色や橙を入れて完成とした。

◆ 嬉しそうに説明する子どもたち

　作品を廊下に貼り出すと、「すごいね」「上手だよ」と通りがかった先生方にほめられた。ほめられた子は「これはねぇ、クレヨンで描いたんだ」「綿棒でこすってね……」と自分から描き方の説明をしていた。

　楽しそうに説明する子どもたちの表情は、どの子も作品に対する自信にあふれている様子だった。

2 真剣力増す大作づくり！　6時間

（3）写生会の題材2「電柱のある風景」

~暗い教室に子どもらしさが見えだした~　　　　　　　　原口　雄一

　そのクラスは、学級開きからひっそりとした暗い雰囲気のあるクラスだった。表で、裏で、人のことを馬鹿にする子どもたちがいたのだ。だから、ちゃんとしたい子どもたちも人前で表現することを拒む。簡単なアンケートの挙手さえ拒む。陰に隠れて泣いている子どもを、見つけたこともあった。厳しく指導しても、その時ばかり。解決はしなかった。全員が何かしらのストレスを抱えた状態。クラス替えがなく、毎年続いた弱肉強食の世界。すでに事態は深刻で根深かった。

　「俺が担任だから、クラスが大変なんじゃない。大変なクラスだから、俺が担任なんだ」と言い聞かせながら、毎日を過ごした。あまりの心労に、教室への階段を登る足が、止まったときもあった。

　でも少しずつ、少しずつ、子どもたちの顔から子どもらしさが見えだした。

　学習に黙々と集中している時、子どもたちは安心して過ごしていた。

　集中する状況を作るには、酒井式は最適であった。

　酒井式で絵を描いている時、みんなが平等だった。

◆ 準備物
・八つ切りケント紙　・油性サインペン　・絵の具セット
・電柱の写真

第1幕
電柱を描く（45分×2）

　写生会だが学級の状況的に、外へ自由に行かせることはできなかった。時数的にも厳しい。酒井式で成功体験を味わわせたかったので、写真を使うことにした。

　まず「酒井式描画指導法入門」や、ネットで手に入る酒井式で描かれた「電柱の絵」をプリントアウトして、クラスに見せた。完成イメージを持たせるためである。そして、電柱の写真を配った。

　その写真は2種類で、どちらもA4に印刷しているが、片方は白黒コピーしたも

の。

> 　今日は電柱だけ描きます。1本だけ描きます。集中して、真剣に描きましょう。先生の言うとおりにすれば大丈夫。全員描けます。ただし、次の4点を守ります。
>
> ①　電柱の端をしっかり見て描きなさい。斜めになっている部分があります。上も横も、端までよく見て描きなさい。
> ②　部品を省略しないで描きなさい。電柱にはたくさんの部品がついています。一つ一つを丁寧に、真剣に描きなさい。
> ③　電柱の上から順番に描きなさい。全体を描いてから、部品を描くのではありません。隣り隣りと描き進めなさい。
> ④　描こうと思う部分だけを見なさい。まだ描かない部分は白い紙で隠します。小さくならないように気をつけて、集中して描きなさい。

　説明しながら、実際に描いて見せた。
　電柱が小さくなりがちなので、何度も強調した。
　質問を受け付けた後、写真を見ながら画用紙に写す作業をさせた。
　白黒コピーと、カラーコピーがあることで見にくい部分を補完しあい、描き進めやすくなる。
　荒れた学級では、子どもたちが一心に一つのことに向かっている時、教室の空気がほわっと温かくなる。写す作業は、子どもたちの集中力と安心感を高めていた。
　教室は静まり返り、ペンの音だけが聞こえる。
　その音が、子どもたちを認め、励ましているようだった。
　酒井式講座で酒井先生は、この音を「集中している音が聞こえる」と表現された。
　集中している音を聞きながら、そっと個別指導した。そっとほめた。そっと励ました。
　その子だけに聞こえるように。

第2幕
電柱に色をぬる（45分×2）

電柱の色	混ぜていい色	スパイスの色
朱	茶・黄	青
緑	茶・黄・青	赤
赤	黄・青	緑
青	赤・黄	朱
紫	青・赤	黄
黄土	黄・青	紫

　子どもたちに、上の表を見せた。
　そして、事前に色見本用にぬっておいた電柱の絵も見せた。そうすると、子どもたちも色を選びやすかった。周りの目を気にせず、夢中になって好きな色を選んでいる様子が見られた。
　電柱の色を選ばせ、表を元にパレットに絵の具を出させた。
　色をぬるときは、次の3つに気をつけさせた。

① 酒井式三刀流（細い筆で）
② 一発彩色法（タッチは自由）
③ 濃淡、強弱、明暗（スパイスは明るく）

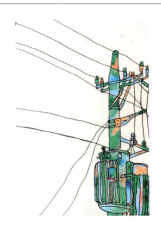

第3幕
空に色をぬる（45分）

色は自由に、水タプタプで色を作らせた。空がぬれたら完成とした。

第4幕
酒井式鑑賞法（45分）

全員が完成させた電柱の絵を一人教室で眺めながら、チャンスだと思った。
酒井式鑑賞法を行うチャンスである。
子どもたちの発言力、自己肯定感を高めるチャンスだった。
結果、全員が発言し、笑顔いっぱいの時間になった。
「絵が好きになった」と言った子もいた。
酒井式鑑賞法の流れは次の通り。

---
① 10枚ほどの絵を黒板に飾り、見せる。
② 好きな絵を一つ決めさせる。
③ 人数分布を把握し、人数の多い絵から好きなところを言わせる。
④ 人数の少なかった絵の、いいところを言わせる。（天才とほめる）
⑤ 絵を貼り替える。
⑥ ②〜⑤をクラスの全員分繰り返す。
---

2 真剣力増す大作づくり！　　　　　　2時間

（4）躍動感ある運動会
「体育大会ポスター」

〜早くて失敗ゼロ、切り貼り法で表現〜　　　　　　上木　信弘

荒れたクラスでは、短い時間で仕上がり、失敗しにくい題材を選ぶのがコツである。

体育大会の競技について、短い時間で、躍動的に表現できる方法がある。

「バラバラ人間」（左写真）のパーツを並べかえるという方法である。黒い人物なので、並びかえることだけに集中でき、動きを出すことを追求できる。

絵の具やクレヨンを使わないので、子どもたちは失敗にしくい。90分という短い時間で、どの子も仕上げることができる。

荒れた学級を含めどの学級でも、実践しやすいはずである。（5年生作品）

◆ 準備物

・「バラバラ人間」が印刷された紙（次頁、A3サイズで）　・はさみ
・糊　・油性黒マジック　・A4サイズ色コピー用紙（ピンク、水色、肌色、黄色、水色、橙色、黄緑色）

第1幕
指導の手順（45分×2）

「体育大会を知らせるポスターを作ります。どんな種目を描きたいですか？」
子どもたちは、リレー、綱引き、台風の目などを発表した。

1学期 子どもの真剣力を引き出す題材13選！

試作品5枚を見せ、イメージを持たせた。教卓の周りに集め、作り方を見せた。

「1人分を切って、パーツをバラバラにします。周りに白い縁が残るように切ると、色コピー用紙に貼った時に、選手が浮き上がりますね。先生がリレーで走っている選手を作ります」

関節の曲がり具合や顔・胴の傾き具合で、雰囲気がガラリと変わることを見せながら、並べかえて、走る選手を作った。バトンを持つ手にしたいので、白い紙に黒マジックでグーを描いて、つけてみた（下の左写真）。

「次に、小さな人間を切って、パーツをバラバラにします。追いかけている途中でつまずいた選手を作ります。糊づけをした後、横顔と分かるように、マジックで鼻や唇、風になびいているハチマキを描き加えると、雰囲気がもっと出ます」

右写真のように作ると、子どもたちから、「先生、うまい」という笑い声が出た。
「このように、1人目を切って、パーツを並べかえます。決まったら、糊をつけて貼ります。次に、2人目。どの大きさの人物を使うかを考え、切って、パーツを並べかえます。決まったら、糊づけ。この繰り返しをしていけば、どの競技でも作ることができます。何度でもやりなおせるので、失敗はありません」

子どもたちに、台紙にする色コピー用紙を選ばせた後、作業をさせた。

「人間」を上肢も下肢も関節でバラバラにするので、どれが何か分からなくなってしまう。逆に、それが面白い部分で、表現の幅をひろげることにつながる。

机間巡視をしながら、「大縄をしているところだね。パッと見て分かる」、「リレーの走っている雰囲気が出ている」とほめていった。躍動感が出ていない子には、並べ方をアドバイスした。

子どもたちは、パーツを並びかえることだけに集中し、競技の様子が分かる動きを追求していた。

左写真のように、色コピー用紙を組み合わせたり、効果線を黒マジックで描き加えたり工夫する子もいた。

第2幕
90分で、ポスターが仕上がった

◆ 校内や町内に掲示

　仕上がったポスターは、体育大会1週間前に、校内や町内の掲示板に掲示された。

　体育大会を盛り上げる役割を担った。

◆ 体育大会の招待状ハガキに応用

　勤務校には、カラーコピー機がある。私は、子どもたちが作った「体育大会ポスター」をデータ化し、プリントアウトした。

　これを使って、「体育大会の招待状ハガキ」を書かせる授業をした。45分である。

　「体育大会の競技」をどこに配置するか、どうトリミングするか、空いている所に何を書くか、どんな文・文章を書くか、考えるのが楽しい。

　この授業も、子どもたちは熱中して取り組んだ。

　左や下のようなハガキが仕上がった。

2 真剣力増す大作づくり！

（5）運動会を再現しよう「騎馬戦」

6～7時間

～決定的瞬間、一版多色刷りで～

熊谷　一彦

　とりわけて大きな問題はない。言われた通りに動くこともできる。しかし、どこか物足りない。輪からはみ出すことを恐れ、小さく縮こまっている感じがする。もしかして、自分に自信が持てない子が多いのかもしれない……。これが、この子たちの第一印象だった。

　この殻を突き破るには酒井式しかない。「上手く描けた！」「私の最高傑作！」と感じさせることで、自分に自信を持たせたい。そこで選んだのが、『騎馬戦』である。

　なお、本題材は、「笛を吹く人（酒井臣吾氏・2006年）」と「騎馬戦（大河内義雄氏・1989年）」の実践を基にしている。

◆ 準備物

・版画用板（B4）　・黒画用紙（B4）　・カーボン紙　・コピー紙
・鉛筆、サインペン　・彫刻刀　・バレン　・絵の具

第1幕
構図を決める（25分）

　5月の運動会を思い出させ、戦いの決定的瞬間を絵に描くことを伝える。騎馬戦の見どころは、何と言っても帽子の取り合いである。馬の子は描かなくても良いが、自分が馬だったという子は頭だけ描いても良い。構図の例を3～4示し鉛筆でラフスケッチを描いてみる。絵の中に入れなければならないのは以下の3つ。

- 帽子
- 帽子を取り合う手
- 帽子を取り合う人の顔、頭

ラフスケッチが描けたら、必要なパーツだけ残し、余分なところを切り取って構図を決める。
切る前に、まず折ってみると良い。

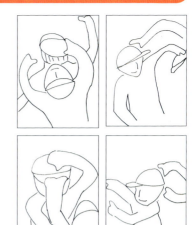

第2幕
下絵を描く（45分×2）

直接、板に描く方法と、紙に描いて転写する方法があるが、この学年の実態を考え後者を選んだ。まず、手から描いていく。

①が無ければ②から、②も無ければ③からで良い。

①〜③は、後から帽子も描かせる。続いて、残りの手と帽子を描く。下絵とはいえ、不安で線が進まない子もいる。そんな子には描き方を示して見せたり、手のモデルとなってあげたりしながら「つかもうとする感じがよく出ている」「指の描き方が丁寧」と、ひたすらほめ、励まし続けた。しだいに不安気な表情も消え、集中して取り組む姿が見られるようになった。

いよいよ"つなぎ"である。黒板に例を示しながら、躍動感が出るようにつながせる。初めて体験する子にとって、つなぎは大冒険だったに違いない。そこで、腕が短くても顔と手のバランスが悪くても、すべて良しとして大いにほめた。最後に、体の上から体操服を着させて下絵は完成。満足気に下絵をながめる姿に手応えを感じた。

① 帽子をつかんでいる手
② 帽子を取ろうとしている手
③ 帽子をおさえている手
④ 相手の手をつかんでいる手
⑤ 相手の手をつかもうとしている手
⑥ 相手の手をはらおうとしている手

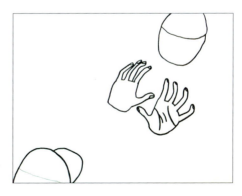

第3幕
転写する（30分）

　板に転写する前に、画面にどう入れるか再度検討させる。下絵をずらしたり回転させたりすることで、画面の空間を生かした構図を新たに生み出すことができる。決まったら、カーボン紙を敷いてなぞらせる。転写は、小さい絵は拡大コピー、大きい絵は切り取り、不要な線はなぞらなければ良いと、自信の持てない子も安心して取り組める手立てと言える。転写した線は細いため、上からサインペンでなぞらせると良い。

第4幕
彫る（45分＋15分）

　使うのは小丸刀と三角刀だけ。板を回しながら短く線を彫っていくのがポイントである。
　実際に教師がやってみせると分かりやすい。
　不要な線は彫らずに残したり、途中で線を付け足したり、彫りながらさらに工夫できるところが版画の良いところである。

1学期　子どもの真剣力を引き出す題材13選!

第5幕
刷る（45分×2）

　黒画用紙に一番映える色が白である。1人に1本ずつ配り、ケチケチせずドバっと出すよう伝えた。途中で足りなくなって集中が切れるよりはマシである。まず、肌からぬっていく。水は心持ち程度で、刷った時に黒いポチポチが残るくらいが丁度いい。ぬったら黒画用紙をかぶせ、バレンで刷る。これを繰り返していく。

　「おおっ、いいかも！」「うん、いい感じ！」
　完成までの積み重ねが目に見えるため、子どもたちの集中は、どんどん増していく。
　「肌の色がきれいだね」「白が映えるね」
　教師は、ひたすらほめ続けるだけである。
　ようやく完成した作品を手に取り、嬉しそうに見つめる子どもたち。
　「今までで一番うまくできた！」「楽しかった！」
　どの表情も満足げであり、ほのかな自信が感じられた。

3 「ダラーンとした教室」に効く"このシナリオ"！ 2時間

（1）作って遊べる佐藤式工作「コロコロころりん」

～ガラッと変わる学級の雰囲気～　　　　　　　　　末永　賢行

　ダラーンとした教室には、みんなで何かをするということがない。みんなで、熱中して取り組んだり、遊んだりする経験が少ない。だが、ひとつのことに熱中することで、学級の雰囲気はガラリと変わる。

　佐藤式工作は、工作を通して、作る楽しさ、遊ぶ楽しさ、友達と遊ぶ楽しさがある。「コロコロころりん」は、そんなシナリオである。

◆ 準備物

・四つ切り色画用紙（白・黄・黄緑・緑・水色・青・ピンク・赤・オレンジ・茶・黒）　・糊　・はさみ　・定規　・タオル

第1幕
帯状の色画用紙を2本作る（10分位）

　事前に、四つ切り色画用紙を5cm幅で縦長に切っておく。幅5cm×長さ54cmになる。色画用紙は、黄・黄緑・緑・水色・青・ピンク・オレンジ・赤などを切っておく。

　子どもたちに、作っておいたジャバラの完成品を使って斜面を転がして見せる。

「おーっ」という歓声が上がる。何度かやってみせると、作りたくて、うずうずしているのが分かる。始めに帯状の色画用紙の作り方を教える。色画用紙2本を1.5cmほど重ねてつなぎ合わせる。幅5cm×長さ106cmほどの帯状の色画用紙ができあがる。これをもう1本作る。同じ色画用紙でも、別の色画用紙で作ってもよい。

第2幕
帯状の色画用紙を直角に折り重ねる（10分位）

　2本の帯状の色画用紙ができあがったら、それを直角にして、互い違いに折り重ねていく。ここは、大切な所なので、丁寧に教える。子どもたちを前に集めてやって見せるとよい。経験が少ない子は苦労する。「丁寧に折らないと、うまく転がらないよ」と言うだけで、子どもたちの取り組む姿勢も変わり、教室がシーンとなる。

第3幕
色画用紙の最後の部分を貼り合わせる（10分位）

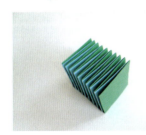

　帯状の色画用紙を互い違いに折り重ねていき最後の部分になったら、はみ出たところをはさみで切り落とし、糊で貼り合わせる。ジャバラの完成である。

第4幕
ジャバラの四隅を切る（10分位）

　できあがったジャバラは、斜面をスムーズに転がらない。ぎくしゃくした動きになる。しかし、四隅を切り落とすことでスムーズな動きが生まれる。

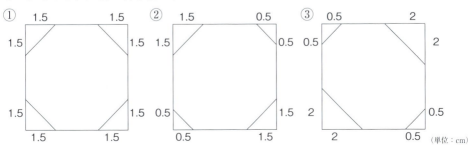

（単位：cm）

◆ 四隅の切り方の例（前頁）

　学年によっては、失敗の少ない①の切り方がお薦めである。事前に型紙を作っておき、鉛筆で線を引かせると簡単だ。線はジャバラの両側に引く。線を頼りにはさみで1枚ずつ切る。半分ほど切ったら、ジャバラの反対側から切る。そうすることで切った部分がきれいに揃う。1ヵ所切り終えたら、同じように他の3ヵ所も切る。

　完成したら遊んでみる。斜面にする板には、タオルや布をひき滑り止めをしたものを使う。

　子どもたちは楽しそうに何度も何度も転がして遊んでいる。休み時間になっても止める気配がない。男女関係なく、順番を守りながら遊んでいるのが印象的だ。

第5幕
顔を作る（45分）

　十分に遊んだ後、子どもたちにこのジャバラに顔を付けることを話す。完成した見本をいくつか見せる。見せることでイメージが膨らんでいく。子どもたちは、遊んだことと見本を見たことで、イメージが膨らむ。

顔を作る条件は、目と口を必ず作ること。目と口があれば顔に見えるからだ。顔の輪郭は、色画用紙を半分に折ってはさみで切る方法と折らずに切る方法の2つを教える。また、ジャバラがスムーズに転がるように、上下はあまりはみ出さないことを話す。

　作った顔の輪郭や目、口などの部品は、直ぐに糊づけせず、位置や傾きなど自由に動かしてみて、一番好きな表情ができたときに糊づけさせる。そこまで自由に試行させる。

　子どもたちは、イメージした顔が少しずつできあがっていく中で、さらにイメージが膨らんでいるようで、集中力が増している。無駄話が聞こえてこない。教室がシーンとしている。熱中している証拠だ。

　ときおり、友達の作っているものを見るように声掛けする。子どもたちは、友達のよい点を取り入れようとするので、さらに面白いものができる。

　顔ができあがったら、手足を付け加えたり、顔と反対の面にしっぽなどを付け加えたりさせる。作りながら、子どもたちは斜面を転がす。すると、またアイデアが浮かぶ。試行錯誤が生まれる。

　子どもたちは遊びながら、友達に作ったものを見せたり、友達の作ったものをほめたりしている。自然に笑顔になる。「よーいドン」と言いながら競争する子どもたちもいる。勝った負けたと言いながら、楽しく遊んでいる。教室の雰囲気が変わり始める。

3 「ダラーンとした教室」に効く"このシナリオ"！ 　2時間

（2）キャラクターがとんでいってしまう「面白ロケット」

～作って遊んで学級が一つに～　　　　　　　　　　　末永　賢行

「作る楽しさ」「作ったもので遊ぶ楽しさ」「もう一度作りたいと思う楽しさ」そんな工作で、ダラーンとした教室の空気を一掃したい。

このシナリオは、次のような効果がある。
①簡単に作ることができる。
②遊ぶことができる。
③遊びを通して、学級がひとつになる。
④いろいろなキャラクターが作りたくなる。

◆ 準備物
・色工作用紙（11cm × 32cm）・色画用紙【白・黄・黄緑・緑・水色・青・ピンク・赤・オレンジ・茶・黒など】（6.5cm × 8.5cm）・プラコップ（100ml）・ビニール袋（20cm × 30cm）・両面テープ　・糊・はさみ

第1幕
ロケットの発射台を作る（20分位）

このロケットは、空気の力を利用したものである。
はじめに、作っておいたプラコップを飛ばして見せる。プラコップが勢いよく飛ぶ。うまく飛ぶと、教室の天井まで上がる。作ったものを見せることで、作ってみ

たい、飛ばしてみたいという気持ちにさせる。

　次に、ロケットの発射台の作り方を教える。色工作用紙を縦11cm、横32cmの大きさに切る。工作用紙の色は、何色でもよい。色画用紙の一方の端に両面テープを貼る。

　貼った両面テープが外側にくるように、色工作用紙を丸めて筒を作る。プラコップの底の大きさより、ほんのわずか小さな筒にする。大きさが決まったら、筒の大きさが変わらないように手で押さえながらプラコップを外す。色画用紙の端にある両面テープの紙を取り、貼り合わせる。

　筒ができあがったら、ビニール袋に筒の先端を差し込む。差し込むのは3cmほどの長さにして、ビニール袋の端に寄せる。左の画像の黄色の部分をセロハンテープで貼り合わせる。筒に触れているところは、直接セロハンテープで止める。ビニール袋から空気が漏れないよう丁寧にさせる。

第2幕
ロケット発射！（20分位）

　発射台ができあがったら、プラコップを飛ばしてみる。子どもたちの前でやってみせる。①ビニール袋に息を吹き込んで膨らませる。②筒の先端にプラコップを被せる。③手でビニール袋を勢いよく叩くとプラコップが飛び出す。

　飛ばし方を説明したら子どもたちにさせる。楽しそうである。遊びの中で工夫が生まれる。筒を振ってビニール袋を膨らませる子や脇の下にビニール袋を挟んで勢いをつけている子など、こちらが考えないことをする。まねをする子どもも現れる。学級がひとつの遊びで盛り上がる。

第3幕
ロケットに顔をつける（20分位）

ロケットを飛ばして遊んだ後に、ロケットに顔をつけることを話す。

見本をいくつか見せる。見せることで、イメージが膨らむ。

顔を作る条件は、目と口を必ず作ること。目と口があれば顔に見える。

一度顔の作り方をやってみせる。

子どもたちを前に集めて、大きめの色画用紙でやってみせる。顔の輪郭は、色画用紙を半分に折ってからはさみで切る方法と、折らずに切る方法を教える。

好きな色の色画用紙を選んで、輪郭をはさみで切り取る。

次に、目を作る。作ったら顔の輪郭に配置してみる。まだ糊づけはしない。
目を配置すると、口もつくりたくなる。

一番好きにところが見つかったら、ここではじめて糊づけする。

　目と口を貼った顔を見ていると、イメージがまた膨らんでくる。眉をつけたくなる。手をつけたくなる。足をつけたくなる。
　顔の作り方を教えたら、子どもたちに作らせる。顔の輪郭、目や口と、作っていくごとにどんどんイメージが膨らんでいるのが分かる。教室の中がシーンとしている。熱中しているので、話している暇はない。ダラーンとした空気は感じられない。作っている途中のものを見せ合う時間を入れると、自然に子ども同士の交流も生まれる。友達のアイデアを取り入れる子も出てくる。

第4幕
顔をつける（20分位）

　顔ができたらプラコップに、顔をつける。セロハンテープを輪っかにしたものを作り、顔をプラコップにつける。
　これで完成となるが、プラコップの外側を飾ってもよい。手足をつけたり、模様をつけたり。もう一つ作りたいという子も出てくる。子どもたちが熱中するシナリオである。

3 「ダラーンとした教室」に効く"このシナリオ"！　4時間
（3）おもいっきりとばそう佐藤式工作「ブーメラン」

〜真剣に取り組んだやんちゃっ子〜　　　　　　　　　　　　　　廣川　徹

　この工作は、準備の段階から子どもに「ワクワク感」を与える。そして、そのような演出をして取り組ませる。

　勝手なおしゃべりが飛び交い、担任の指示が通らない、指示をしても勝手なことをやって、絵が完成しなかった、ケンカが絶えず、授業中は、事情聴取でつぶれてまともに学習が出来なかったと聞いている。

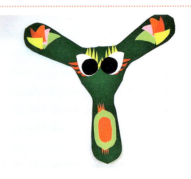

　そんな学級でも、投げた場所から一歩も動いていないのに、戻ってきたブーメランをサッとキャッチすると、「オオーッ」と反応する。この声が上がれば、この題材は、ほぼ成功と言って良い。特に、指示を守らないやんちゃな男子たちは、楽しみで仕方がないという感じになる。それだけ、戻ってくるブーメランは魅力的なのだろう。

◆ 準備物

　・色工作用紙　・大判折り紙
　・ツヤ紙〈10色程度〉
　・はさみ　・スティック糊　・分度器　・30センチ定規
　　　　　　　　　　　　・ミニ定規

　大判の折り紙がなければ、A3のコピー用紙を正方形に切れば代用可能である。

第1幕
ブーメランの型紙を作る（30分）

最初にブーメランが戻ってくるためには、

ていねいな作業が必要である

ということを断っておく。真剣に一つ一つ作業を積み重ねていけば、誰でもできることを話す。彼らは途中でうまくいかないから騒ぐのである。

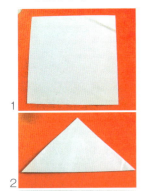

まずは、折り紙を左の写真のように折っていく。

これも折り目をはっきりとつけるように、ていねいに重ねて、角度も正確に測って折っていく。

写真1　大判折り紙
写真2　直角二等辺三角形になるように折る。
写真3　底辺の中心に分度器を当てて、60度ずつ三等分する。
写真4　その三等分の線にあわせて折る。
写真5　末端から2.5cm～3cmに印（A）をつけ、そこから、反対側の折り目（B）に、先に直線（黒線）を引く。末端から曲線（赤鉛筆線）のくびれをつけていく。

直線（黒線）を三等分する。その3分の1の位置で直線とくびれた曲線が交差するようにする。

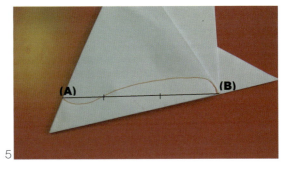

そのくびれに沿って、緩やかな曲線を描くように切り取る。ここでも、はさみの使い方を指導しつつ、「ゆっくりと」「ていねいに」「雑に切ると飛ばなくなる」と言う。それだけで目の輝きが変わってくる。指導されたとおり、はさみは動かさずに、紙を大きく動かして曲線を切っていくようになる。

 写真6のように切り取ったら広げてみる（写真7）。ていねい切っていれば滑らかな曲線ができあがっている。
 やんちゃでいつも作業が雑な子であっても、ここまで集中して作業が進んでいく。

第2幕
折り紙を工作用紙裏に貼り付ける（30分）

 折り紙全面に糊をつける。それも均等につけるように心がける。「ブーメランが飛んで、戻ってくるには、三つの羽の重さのバランスが大事です」と言えば真剣になる。「糊が緩いと貼り付けた折り紙がはがれてくる」「はがれたら当然空気抵抗が増すので飛ばないよ」……そんなことを教えると、さらに緊張感が生まれてきた。自分で作ったモノで遊びたいという真剣な様子が見られてくる。教室はシーンとなり静かなうちに授業が進んでいく。

第3幕
貼り付けた型紙の通りに工作用紙を切り取る（30分）

 再度、切る作業である。今度は、厚手の工作用紙。二度目のはさみの作業は、さらに集中が必要になる。ただ、何も言わなくても、ていねいにゆっくりと切ることは理解している。ずっと真剣な作業が続いていく。ていねいに切ったブーメランは掲示して形がさまざまあることを確認する。

第4幕
飾り付けをする（45分）

　ツヤ紙で顔を作る。最低限「目」と「口」をつければ良い。あとは、かっこよく飾り付けるように指導をする。一つ部品を作って、試行錯誤し、さらに付け加える。佐藤式工作の「創作のプロセス」を指導する。このときもバランスを考え、重量が同じようになるよう試行錯誤させる。

第5幕
飛ばしてみる（45分）

　飛ばし方にはコツがある。ブーメランの羽の裏に写真のように線を引き（右利き用）、定規で15度程度の折り目を入れる。左利きのこの場合は、逆方向に線を入れると良い。また、羽を伸ばして、逆に反り返るようにする。

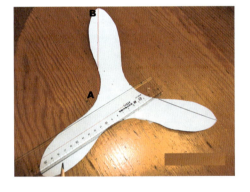

　この「逆そり」と折り目の調節は、何度か飛ばしてみなければ、できない。

　ここは、子どもとともに教師も試行錯誤する。何度も飛ばしてみて、どの程度のそりが良いかは経験的に繰り返していかなければわからない。

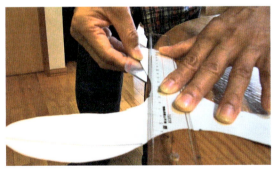

　投げ方のコツとしては、ブーメランの端を親指と人差し指ではさみ、耳の横にデザインした面が見えるように持って、ブーメランで空気を縦に切るように飛ばしてみる。きっと、真剣に作った成果が戻ってくるブーメランになって表れることだと思う。真剣な作業が子どもに達成感を味わわせる。

3 「ダラーンとした教室」に効く"このシナリオ"！　9時間

（4）雨の日にチャレンジ「ホタル狩り」

〜梅雨の気分を吹っ飛ばすにじみ技法〜　　　　相浦　ゆかり

　運動会も一段落する6月。高学年としてリーダーシップを発揮して大きな行事を終わらせ、少し気が緩む時期でもある。また、梅雨の季節でもあり、なんとなくダラーンとしがちである。そんな雰囲気を一掃するのがこの「ホタル狩り」のシナリオである。

・蛍光絵の具の美しさに子どもたちは引き込まれる。
・人物はシルエットなので人物が苦手な子どもでも抵抗感が低い。
・にじみの技法が身につく。

　古くは枕草子にも書かれている日本の伝統美であるホタルの美しさを、思う存分味わえるシナリオである。

◆ 準備物
・白ケント紙（四つ切りを一回り小さく切ったもの）　・油性ペン
・ポスターカラー（コバルトブルー、セルリアンブルー、ぐんじょう、青、ビリジアン、ふかみどり、緑）　・絵の具
・蛍光絵の具（蛍光オレンジ、蛍光レモン）・クレヨン（赤、黄色）

◆ 指導手順
第1幕
ホタルを描く（45分）

　まず、完成作品を見せた。「きれい！」と声が上がった。「こんな風に完成見本があるといいよね」と高学年女子の心もつかんだ。「俺も描けるかな、先生」とやんちゃ男子が聞いてきた。「もちろん!!」と力強く答えた。

まず、ホタルから描いていく。ホタルを描いて見せ、それをまねて子どもたちは油性ペンで画用紙の下3分の1に描いていった。赤のクレヨンで頭をぬる。追いかけっこをしている、相談しているなどとお話を考えながらホタルを描いていった。ホタルの光は、蛍光オレンジと蛍光レモンの絵の具で光をぬった。蛍光色をぬるときは「ピカッ」と言いながらぬっていった。オレンジの光が小さくなると画面がさびしくなる。また、たっぷり蛍光絵の具をぬらないと美しさが半減する。

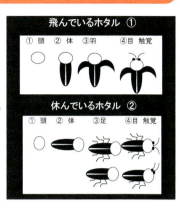

第2幕
葉を描く（45分）

実物の葉を横に置き、ホタルの光が乗るように葉を描いた。画面の下方に葉を重なるように描き、葉が空中に浮かないように注意して描いた。どの子も葉をよく見て真剣に描いていた。

第3幕
葉の彩色とホタルのにじみ（45分）

光のにじみは最大のポイントである。ホタルの光を水で囲み、脇から葉の色をぬると、じわーっとにじんでくる。水ぬりを「たぷーん」、にじみを「じわー」と、擬態語を使って意識づけた。子どもたちは慎重に作業し、にじませていった。うまくいかない子には個別にやり直しの方法を教えた。時間がたつと美しいにじみが出来上がる。一つ目よりも二つ目、二つ目よりも三つ目、どんどんにじみが上手になってきた。

第4幕
川と丘の稜線を描き、川をぬる（45分）

　丘を高くするのか、低くするのか、川の流れをどのように曲げるのかなど、参考作品を見ながら自分で構図を決めて、黄色のクレヨンで描いた。空にもホタルがいる、草原にも飛んでいるなどのお話を考え、ホタルを描いた。先に川を青系の色で彩色したので、丘や空の位置が分かりやすかった。

第5幕
人物の練習をする（45分）

　A3のコピー用紙を折り、8つの部屋ができるようにする。開いて、右上から変化のある繰り返しでポーズの練習をした。①順番を示しながら一緒に描く②順番を言いながら自分で描く　③目と鼻を左（描き手から見て）に寄せて横を向いている　④逆さ顔　⑤手を両方とも右に描く　⑥手を両方とも左に描き、右足を上げる。⑦手を高めに描き、足も高めに描く　⑧自分でポーズを考えて描く（①～⑧までの指導は平成28年8月　酒井臣吾氏の新潟県新発田市蓮池小学校での職員研修の追試である）。動く人物が自由に描け、とても楽しんで描いていた。空いているところに好きなポーズを描かせると、⑨⑩のような人物を描いた。友達の作品を見て「うまいね」とほめあっていた。シルエットの見本プリントを配り、練習させた。

第6幕
人物を描く（45分）

　主語を決め、順番を守って描いた。丘の上にいる自分が、草原にいる友達に手を振っている、弟が見

つけたホタルを指さしている、ママを呼んでいるなど、思い思いに想像を膨らませて描いた。思いつかない子は、シルエットの見本プリントをまねして描いていった。この時間の終わりにSさんが「私、うまくいかなかった、図工もともと好きじゃないし」と言ってきた。Aさんは人物がうまく描けず、イライラしていた。特に、足が地に着かず、→部分が宙に浮いているのが気に入らなかった。「ここにもう1本線を引いたら道みたいに見えるよ。そうしたらどう？」とアドバイスすると、表情が明るくなった。後日、廊下ですれ違うと「先生、私この間言ったこと訂正します。図工は大好きです。絵はうまくないけど好きです」と声をかけてくれた。担任に話すと、自分の気持ちを言えるようになり、大人になったと喜んでくれた。

第7幕
丘と空の彩色をする（45分×2）

　丘は緑系統、空は青系統の色をぬる。ホタルの光があったら、にじませて丁寧に進めた。出来上がった作品は少し離して見せた。周りの子どもたちが口々に、「うまいね」「きれい」と言っていた。言われた子どもは非常に照れくさそうであったが満面の笑みだった。

第8幕
人物に光をつける（45分）

　人物を立体的にするために、蛍光絵の具のレモンで人物に光をつけ完成。鑑賞会では、「空が濃いのもきれいだけど、うすいのもきれい」「ホタルの光に包まれているようです」「初めは描けるかと心配していたけれど、思った以上に上手に描けたのでとても満足した」「ホタルのにじみがとってもきれいにできた。みんな上手でうっとりする」と充実感を味わっていた。

3 「ダラーンとした教室」に効く "このシナリオ"！　3時間
（5）ポスター 「ラグビーワールドカップ2019」

～人体構造図を使って自由な発想を引き出す～　　　　　　　　　　小林　俊也

　2019年に、日本でラグビーのワールドカップが開催される。そのワールドカップに向けてのポスターを描く。
・黒一色で描かれた人体の構造図を使い、ラグビー選手の動きを表現する。
・人体を色画用紙に貼り付けるとともに、バックや文字を描いたり貼ったりして、ポスターを構成する。

　人体図を各部位ごとにバラバラに切り取り、それを並べ直すことで、誰もが自分の思うような動きを表現することができる。また、バックや文字の構成など、子どもたちそれぞれの個性が発揮されることになる。

◆ 準備物
・人体図とラグビーボールを印刷したコピー用紙（A4サイズ）
・色画用紙（黄色、水色、ピンク、オレンジ、黄緑、薄橙など──八つ切り程度）
・絵の具　　・クレパス　　・カラーペンやカラーマジック
・綿棒　　・はさみ　　・糊
　※　他にも、スパッタリング用の歯ブラシやポスカ、色紙など、さまざまなものが考えられる。

◆ 指導手順
第1幕
事前指導と準備（45分）

　2019年、日本で開催するラグビー・ワールドカップの応援ポスターを作ること

1学期　子どもの真剣力を引き出す題材13選!

を告げる。

　思った以上に子どもたちはラグビーのことを知っていた。南アフリカに勝ったことや五郎丸選手のことなどが話題として上がる。それでも、やはりラグビーのことを全く知らない子もいる。そこで、ラグビーの画像やラグビーで使われる用語、ワールドカップに関する用語などの指導を行った。

　続いて、参考作品を提示する。これにより、いろいろな表現のしかたがあることを理解できるようにした。

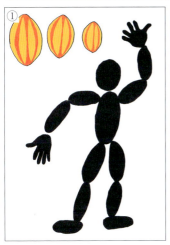

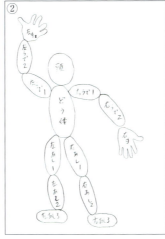

　その上で、①の人体図を配布する。これを切り取らせるのだが、どのパーツがどこのものだったのかわからなくなることがある。そこで、②のように、裏側にパーツの名称を書かせ、どこの部位だったのかをわかるようにした。

第2幕
制作する（45分×2）

　切り取ったら、パーツを並べて、自分の思うような動きを組み立てる。
　クラスには、学習に対してなかなかやる気を示そうとしないAさんがいる。

その子も、とても楽しそうにパーツ並べに取り組んでいた。いろいろな並べ方を試して表現するという方法に興味をひかれたのだろう。

　ボールを蹴るポーズや正面を向いて膝をつくポーズ、五郎丸ポーズなど、子どもたちは、それぞれにいろいろな動きを工夫して表現する。教師は、「すごいねえ」「うまいなあ」とほめていく。
　バックに関しては、子どもたちの自由な発想を引き出し、広げることができるよう、いろいろな材料や用具を用意しておく。そうすることで、子どもたちは、それまで経験してきた技法を使ったり、参考作品で使われている技法を参考にしながら仕上げていくことになる。
　たとえば、次のような表現をしている子がいた。

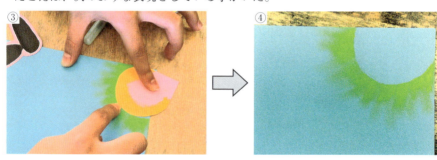

　③のように、好きな形に切った画用紙にクレパスで色をつけ、その色を指で引っ張り出すようにする。そうすると、④のような模様ができあがる。
　他にも、さまざまな表現が見られた。

1学期　子どもの真剣力を引き出す題材13選！

　⑤はスパッタリングを使っており、⑥は色画用紙を切り取ってボールの動きを表現している。また、⑦のように服を黒マジックで描いたり、顔を白マジックで描いたりする子もいた。

◆ 完成

　どの子も、自分なりの工夫をしっかり表現しようと、集中して取り組むことができた。

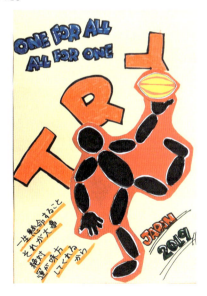

　先に紹介したAさんも「これ、楽しいー」と、笑顔で最後まで仕上げることができたのは印象的だった。

63

2学期に描かせたい行事・イベント

2学期といえば、各種コンクールが目白押しです。町・市・県の造形展、読書感想画コンクール、全国教育美術展等いろいろあります。このような時期、学級作りにこれらのコンクールを利用してみませんか。

酒井式で描いた絵はどれも素晴らしい作品になること間違いなしです。まだ一度も

賞状に縁の無い子どもの絵をぜひ出展してみてはいかがでしょう。本書に掲載されている「ふるやのもり」「モチモチの木」「百羽のつる」等コンクールで入選したものです。他にも「銀河鉄道の夜」「花さき山」などお薦めです。これらのシナリオは読書感想画コンクールにも出展できます。

10月、11月は学芸会や学習発表会が開催される学校が多いでしょう。何かと慌ただしくなる高学年です。教室がざわつく感じがあるかもしれません。そんな時にお薦めなのが、学級がほっこりと温かくなる工作です。特にお薦めは「ランプシェード」です。

教室を暗くし、ランプシェードを灯すと間違いなく歓声が上がります。私の学級で実践した時は、やんちゃ坊主が「カウントダウンします。皆さんご一緒に、5・4・3…」と言って、部屋の電気を消しました。消した瞬間、歓声が上がったのは言うまでもありません。詳細は本文をご覧ください。

（片倉信儀）

2学期
学級を盛り上げ、学級が楽しくなる題材 11 選！

1　展覧会、コンクールで入賞！　学級が盛り上がる！　　**9時間**

（1）スケッチ大会で風景画「遠近のある風景」

～踏ん切る・集中する・よしとする・それを生かす～　　　　　原口　雄一

　そのクラスは発達の差が大きく、いたるところでその影響があった。学力の高い子の起こす陰湿ないじめ。学力の低い子の起こす暴力行為。教科指導でも生徒指導でも、全体指導に加え、個別指導が多く必要だった。時間がいくらあっても足りない。ほころんでは修正。ほころんでは修正の繰り返し。

　子どもたちが差別なく、安全に、安心して生活するために、私が繰り返し語ったのは酒井式四原則だった。

> 「踏ん切る」「集中する」「よしとする」「それを生かす」

　何度も何度も子どもたちに語りながら、自分自身にも言い聞かせていた。

◆ 準備物
・八つ切りケント紙・鉛筆（4B）もしくはサインペン
・絵の具セット・風景の写真

第1幕
遠近を知る（45分）

①【1時間目】
「スケッチ大会の日に行ってもいい場所5カ所」を事前指導。
これらの場所は私が決めた（右）。
『酒井式描画指導法4　シナリオ：「思い」を造形する』の中の「5つの風景」を参考にした。
　2週間、自転車で校区内をグルグル回り、不審者と間違われるほど写真をたくさん撮った。
　5カ所に絞るために、「5つの風景」から観点を3つ抽出した。

①校内
②駅
③学校近くの神社
④陸橋
⑤学校から距離のある神社

> ① 描き始めのポイントがはっきりしているもの。例：二宮金次郎
> ② 下から抜ける構図。例：鳥居、陸橋
> ③ 塔。例：石塔

撮った写真を子どもたちに見せ、校内にあるスケッチの対象を再確認した。

そして、久しぶりにOHP（オーバーヘッド・プロジェクター）のスイッチを入れた。一枚目の遠景を提示。

T：教室の窓から見た運動場です。
C：ああ本当だ。
T：このような景色を遠景といいます。小さく描いてるから遠くに見えるでしょう。

二枚目を掲示。
T：遠くの景色を組み合わせて作った景色です。
C：へえ。

三枚目を掲示。
T：高いところから見たようになるのは、屋根の描き方の影響です。

そして近景の花を黙って置く。

子どもたちは、がやがやし出した。遊んでいるのではない。目はスクリーンに引き寄せられている。話しているのは、映像について。

C：合う。合わない。T：二本にしてみたら？
C：微妙。合わない。T：この花はどうだろう。
C：合う。T：こんな花もあります。
C：結構いい。T：こんな景色を近景といいます。
T：スケッチ大会では近景と遠景を組み合わせて描きます。

見たものの感想は、人それぞれで良い。正解はない。このような場面を設定したことで、子どもたちは自分の考えを周りを気にせずに発言した。算数や国語では黙っている子も自然に発言した。人の発言にちょっかいを出しがちな子も感心しながら聞いていた。

子どもたちの意欲は、酒井式導入で高まった。

第2幕
近景を描く（45分×2）

　花は、私が採っておくことにした。花を大量に採ってきて、教室の後ろに並べる。
　わいわいと「こっちが綺麗だ」「どうしよう。悩む」などと言って選ぶ。美しいものを前に悩む子どもの姿はとてもかわいい。美しさを学習する図工ならではの光景である。

| 「描くときはしっかり見て描く」 |
| 「色は自由である」 |

ことを教えると喜んだ。
下書きが終わったら、色をぬらせる。
酒井式三刀流を教える。
しかし、色を作るだけでも、個人差が大きい。
色づくりは言葉で指示し、黒板に書き、作って見せた。
どうしてもうまくいかない子には、作ってあげた。
一本終わった子には二本目を重ねて描くことを指示。
「俺、絵がうまくなった」
の声あり。

第3幕
遠景を描く（45分×4）

　スケッチ大会当日、全学級外に出ようということになった。
　写生の場所はさんざん下見して、限定した。
　出発前に、酒井式で描かれた風景画の写真を並べておいて見せた。帰ってきてからも見られるように、飾っておいた。
　子どもたちを連れて行って「ここがいい人？」と座らせて「近景はどれにする？遠景はどれにする？」と尋ねて「ここから描くんですよ」と教えた。

早く近景と遠景を描き終わった子どもは、教室に帰ってきて着色する。

まだ終わっていない子がいたが、時間で終了。

1週間後、仕上げになるので全員に手紙を書くことにした。

「もう絵が終わった」

と言っている子にも今後の参考になることがあれば、と課題を書いた。

手紙を書くために子どもたちの絵を見直した。

ほめるところはいっぱいあったのにほめていなかったことがよく分かった。

31名分の手紙を書き終え、すべての絵の裏に貼り付けた。

第4幕
仕上げ（45分×2）

手紙の貼られた絵を返却。手紙を読ませた後、一斉に仕上げを開始した。

グルグル回ってほめ続ける。そして、教え続ける。

そして全員の絵が終わった。

3名が市の図画審査会で入賞した。

審査員に認められたことも、子どもたちが満足したことも嬉しかった。

子どもたちと一緒に、集中して時間を過ごせたことが、一番嬉しかった。

1 展覧会、コンクールで入賞！ 学級が盛り上がる！　8時間

（2）主調色で描く「校舎の絵」

～常に騒然としている学級が熱中～　　　　　　　　　　　　廣川　徹

　熱中して子どもが絵を描くと、完成度が高くなる。毎時間、何をするのか明確にして、どうするのかを指導し、任せるところは子どもに任せて子どもの自由を保障する。

　担任が一つしゃべったら、それに関連することを次々と話し始め、全く授業とは別の話題に変わっていく学級であった。たとえ授業中であっても話題の中心に自分を置いて自分の話したいこと、やりたいことを続ける。学級の半分以上がこの状態である。担任の話を聞けない、聞いても理解しないまま勝手に解釈をして別のことをする。常に騒然としている。

　そんな学級に絵を指導するに当たり、過去に指導をした子どもの絵を見せると、「すごい」「これ先生が描いたの？」と言う声が聞こえてくる。5年生が描いた絵であることを話す。

　6年生である彼らは絶句する。昨年まで、このような絵を描いたことがないからだ。荒れている学級では、まともに絵を完成させられない。「掲示できない作品ばかりだった」というのが職員室の評価であった。

　「どちらも先生が指導し

た絵なので、話をよく聞いて頑張ればできます」「今回は、左のような遠近感のある絵を右のように同じ系統の色で描きます」と話をして、先生の話をよく聞いて描くように励ました。

◆ 準備物

　・油性ペン　・水彩絵の具セット　・四つ切り画用紙

第1幕
植物を描く（45分×3）

　学校の近所に出かけて、植物を探してくる。緑だけではなく、花が咲いて色が付いている方が良い。植物はそのままの色をつける関係上、緑だけでは変化に乏しい。なので、できるだけ花を探す。

　採ってきた花をみてどのようにその植物を描くのか検討する。

　「画用紙の上に置いてごらん」と指示をする。「こうかな？」と子どもは試行錯誤する。垂直平行ではなく、斜めに置いてみる。反対に傾ける。位置を変えてみる。考えついたら、写真のように植物をガムテープで机の前方に貼り付ける。それを見ながら描く。

　「油性ペンは極細を使います」「できるだけ詳しく、一つ一つていねいに描きます」と指示をする。大切なのは『描く順番』である。「花びらを一つ完成させたら、隣の花びらを描き、それができたらその隣……という風に、順番を守って描きなさい」と指示をすると、教室はシーンとなる。「花びらができたら、がくを描きます」「次は、茎を下に伸ばします」……という風に隣へ隣へを大原則に描いていく。花が一つ完成、隣の次の花……そしてその隣の次の花……という風につながっている様子を順番に描いていく。おしゃべりな男子の絵が次頁上である。手を休めることなく、上から順番に葉っぱ

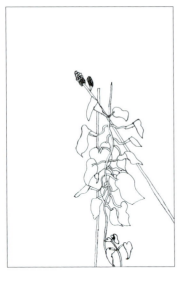

を書き続けた。葉の付き方とか葉の裏とかの難しいところを一つ一つていねいに描くことができた。それを見て、「この描き方すばらしい」と学級内で広めていく。それが学級全体に広がる。彼が一生懸命にやっているという事実は、周りも集中して描くようにさせる。

普段は、おしゃべりに花を咲かせて、集中が途切れる子たちも、手順を明確に示せば、作業を続けられた。「何を描くのか」「どうやって描くのか」がわかれば、誰も言葉を発しない集中状態が続いたのである。

植物が完成したら、植物に色をつける。緑を中心に「緑」「黄緑」「青緑」と3種類の色を作る。あくまで緑であることを強調する。3種類の色には3本のその色専用の筆を用意する。色を置くように一つ一つ色をつける。それを交互につけていく。これで近景の植物は完成である。

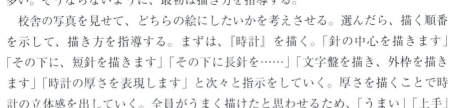

第2幕
校舎を線描する（45分×3）

校舎を描く場合、ただ単に「描きなさい」では、平面的になってしまうことが多い。そうならないように、最初は描き方を指導する。

校舎の写真を見せて、どちらの絵にしたいかを考えさせる。選んだら、描く順番を示して、描き方を指導する。まずは、『時計』を描く。「針の中心を描きます」「その下に、短針を描きます」「その下に長針を……」「文字盤を描き、外枠を描きます」「時計の厚さを表現します」と次々と指示をしていく。厚さを描くことで時計の立体感を出していく。全員がうまく描けたと思わせるため、「うまい」「上手」とほめて回る。

次に、時計の隣の壁を描く。さらに隣を描く……の繰り返しである。

屋根の部分を描き、壁の模様を描き、時計の下の窓を描いていく。「サッシの厚みがあります。厚さを描くには、……」と意識をさせる。柱は出っ張ってるから窓との接合部を詳しく見ながら線の向きと線が出る位置を考えて出っ張りがわかるように描いていく。ある程度描けたら、徐々に子どもに任せていく。描き方がわかってくると子どもは集中して描くようになる。すでに、植物が仕上がっていて、ある程度満足できているから、それを台無しにはしたくない。これが部分完成法の魅力である。

第3幕
色をつける（45分×2）

校舎の色も3つの色を作る。中心となる色を『青』『赤』『黄』として、一つ選択させる。青を選んだ子は、『青』『青緑』『青紫』を作る。黄は、『黄』とほんのちょっと『赤』と『青』を混ぜて3色に。赤にはほんのちょっと『青』と『黄』を混ぜて色を作っていく。さらに、水加減も調整して濃淡も考えさせると変化が増していく。当然筆は3本使う。

2年前、掲示できないような絵を描いていた子たちであっても、『描きかたを教えてほめる』ことで最後まで真剣に作業をする。この作品を使って鑑賞指導をするとどの作品もほめられて子どもたちはすごく満足をしていた。保護者からも大変好評を得ることになる。

1　展覧会、コンクールで入賞！　学級が盛り上がる！　5〜6時間

（3）美しさにびっくり「モチモチの木（絵の具バージョン）」

〜県展入選作ができるまで〜　　　　　　　　　　　　片倉　信儀

　1年生に入学した時から、とにかく賑やかな学級だった。特に男子が賑やかで、やんちゃ坊主の集団と言っても過言ではなかった。その子たちを5年生で担任した。コンクールが多い10月には落ち着いた学級になっていたが、根気強さが足りなかったので、このシナリオを実践した。（なお、「モチモチの木」は「酒井式描画指導法第5集・酒井式エチュード＆シナリオ厳選23」（明治図書・2007年刊）に詳しく掲載されている）

◆ 準備物

・四つ切り白画用紙　・16号以上の大きな筆、0〜6号位までの筆　・絵の具

第1幕
月、木を描く
（45分＋15分程度）

　最初に、画用紙を縦に使うのか横に使うのかを決めさせる。決定したら地平線を描き月を描くが、月の位置は

いずれも中央線を外した上方に描かせる。右でも左でも構わない。次に、モチモチの木の幹と中枝を描くのであるが、教えることが三つある。

一つ目は、パレット上に作る絵の具を、パレットからあふれる位タップリと作らせる。色は、紫、青紫、緑と茶色を混ぜたモスグリーンなどの緑系。紫、青紫、赤紫、紫と茶色を混ぜたエビ茶系などがいい。わがクラスは青紫系が多かった。

二つ目は、筆さばきで「一発彩色法」で描かせる。三つ目は、木を立体としてとらえさせるために、幹の向こう側とこちら側に通る枝を描かせる。下の絵、幹の左と右から生えている太い枝である。

最後に、木にともった灯を描かせる。色は、黄、赤、青、紫、緑などである。こ

こで気をつけなければいけないのは、水を多く混ぜて「透明」にぬらせることである。

私は、以上のようなことを、子どもたちを前に集め、一つずつ目の前で見せていった。あれほど賑やかだった子どもたち、特に男子が真剣に見ていた。特に灯を描いたところでは「きれいだー」という歓声が上がった。やんちゃ軍団たちが、集中して灯を描いていたのが印象的だった。

第2幕
小枝を描く（45分程度）

ここでは、木の枝の描き方の法則を教える。酒井臣吾氏は前掲書で次のように言っている。「根気よく決して急がず二つ、二つと描く。灯りとぶつかるから、灯

りのこっちの枝、灯りの向こうの枝を描きわける」。やはり、やんちゃ軍団が集中して描いていた。

第3幕
小屋と豆太をおんぶした医者様を描く（45分程度）

画面の下に、左の絵のように小屋と豆太をおんぶした医者様を描く。ここで、二つ注意することがある。

　一つ目は、小さく描かせることである。モチモチの木の大きさを強調するためである。ただ、私の場合、小さく描かせすぎた感じがある。この倍くらいの大きさでも構わないと思う。

　二つ目は、色は空の色と似た色で描かせることである。画面の統一感を出すためである。これは、10割達成できたと思う。

第4幕
空を描く（45分×2）

　酒井氏は、前掲書で次のように言っている。

> 　さていよいよ空である。このシナリオでは、この幕こそが勝負どころである。まず最初に空の色の選び方について述べる。色は原則としてどんな色でもいいのだが、黒や茶色、黄土等の現実的になりがちな色は避けたほうがいい。緑、青、紫、藍等を中心にして、これらの色の濃淡、混色で塗ること、ただし緑と紫の混色はしないこと。一番調子が落ち着くのは、木が緑系なら空も緑系、木が青系なら空も青系とした方が良い。

　ということで、同系色のもので指導していった。

2学期　学級を盛り上げ、学級が楽しくなる題材11選！

　さらに氏は、次のように言っている。「この幕で一番大切な『塗り残し』のやり方は、もうこれは教師の示範が最高である。特に小枝と小枝との間などは注意深くしっかり塗るように示範してやる」。

　今までの写真をご覧いただければおわかりかと思うが、枝、幹、月等の周り1～2mmくらいぬっていないのである。かなり根気のいる作業であるが、子どもたちはじっくり彩色していった。

　今まで、騒がしくて落ち着きの欠けた子どもたちだったのに、びっくりするくらい落ち着いて描いていた。どの場面でもそうなのであるが、特に空の彩色のところでは、教室の中がシーンとしていた。静寂の中の作業といった感じであった。

　一番最初に載せていた絵であるが、県の造形展に出展した作品である。もの静かでおとなしい女の子だった。学級で入選したことを告げると、大きなどよめきがおこったのは言うまでもない。どの作品も素晴らしい仕上がりだった。

77

1　展覧会、コンクールで入賞！　学級が盛り上がる！　　10時間

（4）さまざまな構図に仕上げる「百羽のつる」

～初めての酒井式で県展入選したやんちゃ君～　　　　　　　　菊地　耕也

「オレ、富士山みたいな山、描きたい！」と言い出すYくん。自分の思ったことをすぐに口に出してしまう子が多い。前の年は、毎日のように男の子が取っ組み合いのケンカをする学年だった。その中心人物がYくんだ。ちょっとでも自分が気に食わないことを言われたりすると、カッとなり手や足がすぐに出る。それを

今回の指導で、県の造形作品展に入選した作品

見ていた女の子が隣のクラスの男性教師に助けを求めたり、職員室に「助けてください！」と駆けこんで来たりしたことも1回や2回ではない。

　そんな子どもたちが高学年になり、学年主任の先生から「図工の指導をお願いします」と言われた。学年主任と何を描かせるか相談したところ、「百羽のつる」を描かせることになった。この子どもたちは、今まで酒井式で絵を描いたことがない。そんな子どもたちが初めて挑戦する作品が「百羽のつる」である。ハードルが高いかなと思いつつ、取り組むことにした。

◆ 準備物
・黄ボール紙（四つ切り）　・鉛筆（4B）　・ポスターカラー（ウルトラマリンブルー、ビリジアン、パープル、コバルトブルー）

第1幕
下描きと月をぬる（45分×2）

「百羽のつる」の絵本の読み聞かせをする。その後に、見本の絵や以前指導した

ときの子どもたちの作品を見せた。

　はじめに黄ボール紙を縦に使うか、横に使うか決めさせる。その後、山なみを鉛筆で描かせる。その線は、紙の半分以下の所に描いていくようにさせる。空を広くするためである。どうしても、同じ調子で山を描いてしまったり、直線的な並びになったりしてしまう子がいる。それでも、「いいぞ！」「失敗したら、消しゴムで消していいから安心して描いて！」とほめたり、安心させたりすることに徹した。「先生、こんなに高い山を描いた。俺の富士山！」と満足そうなYくん。もちろんほめた。「いい山だね。こんな山、初めて見たよ！」と。

　次に、月の位置を決めさせた。空の真ん中や紙の対角線上などは避けるようにさせた。月の色は、空を紫にしたい時は白にぬる。空をビリジアンや青系にぬる時は黄色にぬる。それも濃くぬるのである。そして、ここでもほめ続けるのである。「いいぞ！」「いい色だね！」「濃さがいいね！」など、ほめて自信を持たせていった。

第2幕
空をぬる（45分×2）

　月の周りの空をぬっていく。まず、月のすぐそばの空は、月と同じ色でぬる。この時、鉛筆の線は踏まずにぬる。その外側には、月の色に空の色を少し混ぜてぬる。さらにその外側に、今、ぬった色よりも空の色を多く混ぜてぬる。これを3〜4回行う。その後は、自分が決めた空の色をぬっていく。月を中心に同心円状にぬっていくと空気感が出てくる。いろいろな方向にぬることがないように注意させる。空と山の間は1mm位空けてぬる。根気よく丁寧にぬるように声掛けをする。

しかし、数名の男の子にとって「集中してぬり続ける」ことは、とても難しかった。ぬるという単調な作業を続けさせるために、ほめたり休憩を取ったりして続けさせた。さらに、ここで注意しなければならないのは、色の濃さである。あまり濃すぎると、筆が思うように紙の上を滑らない。薄いと夜の空の深みが出ない。見本を示して指導したが、子どもの感覚ではなかなかうまくできない子がいる。何度も繰り返しやって見せるしかなかった。

第3幕
山や森などを描き、色をぬる（45分×2）

　山や森の木の色は、緑色を基本に水を多くした薄い色でぬるようにさせた。絵の具の濃さを知らせるために、教師が手本を見せてからぬらせた。このぬり方も、山を描いた鉛筆の線は踏まないでぬるのがよい。
　山や森などに色をぬり始めると、「ここに畑を描く！」とMくんが言いだした。まあ、筆で色の濃さを調整してそれなりに見えればいいかなと思い「畑が目立つと、主役のつるが台無しになるから、濃く描かないようにね」と言って許可した。すると、「先生、これが大根でこっちが人参！」と、畑に大根や人参まで描いていたのである。あまりに得意そうに言うので、「いいね。畑らしく見えるね」とほめた。そして、「それ以上やると、違う絵になるから、ストップしよう」と言って納得させた。Mくんは、周りの友達に得意になって「ほら、これが大根、こっちが人参！」と見せていた。

Yくんが山に色をぬっている

第4幕
つるを描く（45分×4）

　主役のつるを描く。まずは、つるが飛んでいる姿の写真をいくつかプリントしたものを配り、練習させた。その後、自分の空に鉛筆で最初の1羽を描かせ、そこに

色をぬらせた。色の濃さは濃いままである。白は真っ白、黒は真っ黒、赤は真っ赤にと他の色と混じらないようにしなければならない。

　１羽が描けたら、２羽目を描く。２羽目は大きさや、羽根の向きを変えて描く。３羽目も同じように、どこか変えて描くようにする。最終的には15羽から18羽ぐらい描けるように声掛けをした。

　つるを描いていく中で、どうしても色が混じったりする子が出てくる。ぬった色が乾かないうちに、別の色をぬってしまうのである。すると、色が混じるのだ。急いで仕上げようとする子や注意力の低い子がやってしまう失敗である。こうなると、すっかり乾くまで何もしないことだ。YくんやMくんもそうなりかけたが、自分なりに満足できる山や畑を描くことができたので、最後までなんとか頑張って描き続けることができた。

　全体的な作品の出来はどうかというと、雑な作品が何点か出てしまった。指導の粗さが出てしまった結果である。心配な子どもへの継続的な指導や声掛けが十分にできなかった。しかし、YくんやMくん、その他のやんちゃ君たちも最後まで自分の作品を仕上げ、満足できた子が多かった。

1　展覧会、コンクールで入賞！　学級が盛り上がる！　　6時間

（5）県展覧会でNo.1になった「ふるやのもり」

～絵が苦手だった子どもが盛り上がった～　　　　　　　　　末永　賢行

　絵を描くことを話すと、必ず「エーッ」という声が聞こえてくる。絵を描くことに、コンプレックスをもっていて、絵を描くのが嫌いな子がいる。これまでに満足のいく絵を描いたことはない。右の絵を描いた子もその1人だった。この子は、酒井式シナリオ「ふるやのもり」を描いたことで、絵を描くことが好きになった。絵を描くことに自信を持つようになった。

　この絵は、宮城県造形教育作品展に出品され、その後、宮城県連合小学校図画工作研究部会長の推薦を受け、『作文宮城』（第59号5年編）の表紙を飾った記念すべき絵になった。学級の子どもたちも、楽しく描いた絵のひとつが選ばれたことをとても喜んだ。

◆ 準備物
・黒画用紙（四つ切り大）　・黒画用紙小（9cm×25cm）
・クレヨン　・絵の具セット　・筆

読み聞かせ（15分）

　シナリオ「ふるやのもり」は、昔話の一場面である。昔話「ふるやのもり」を一度読み聞かせしておく。「ふるやのもり」（作：瀬田貞二　絵：田島征三、福音館書店）などを参考にして欲しい。
　シナリオは、次の場面を描く。
　お婆さんが、泥棒より狼より怖い「ふるやのもりが来た」（雨漏り）というと、それを聞いた泥棒があわてて、狼の上に落ちてしまう。狼はふるやのもりが落ちてきたと勘違いして、泥棒を乗せたまま逃げ回る。

第1幕
泥棒の顔を描く（45分）

　黒画用紙の小さい方に、クレヨンで泥棒の顔を描く。クレヨンの色は、緑か紫か茶がよい。選んだクレヨンの色で最後まで描く。子どもたちは、ほっかぶりした顔が面白いようでにこにこして描いていた。

①目　②手ぬぐい　③口　④ほっぺ　⑤耳

　顔が描けたら、ドロドロ気味の白絵の具で、手ぬぐいや白目の部分を彩色する。目玉は、後で描く。顔は、黄土色や赤に白を混ぜてぬる。

　次に、手ぬぐいの模様の描き方を教える。
　手ぬぐいの白が乾いたのを確かめてから、模様を彩色する。

第2幕
狼と泥棒を描く（45分）

　四つ切りの黒画用紙に、狼を描く。動物を描くのは難しいと思われがちだ。しかし、酒井式の狼の描き方は、違う。

①胴体　②頭　③つなぐ　④しっぽ　⑤足

　胴体があまり小さくならないようにする。クレヨンの色は、泥棒の顔を描いたときと同じ色を使う。どの子も狼を描くことができた。
　狼が描けたら、泥棒の体を描く。泥棒の顔をはさみで切り取り、狼の近くに置いてみる。位置が決まったら、糊で仮止めする。

　次に、狼に必死にしがみついている泥棒を描く。

①胴体　②手　③足　④つなぐ　⑤服を着せる

　泥棒を描いたら、仮止めしていた顔をしっかりと糊づけする。

第3幕
狼と泥棒を彩色する（45分×2）

　ここまで描いたら彩色する。狼の上に、白絵の具をぬる。大筆にドロドロ気味に溶いた絵の具をたっぷりと含ませてぬる。それが乾かないうちに、赤や青、黄色を薄く溶いた絵の具をたらし込む。たらし込みの美しさに、子どもたちから驚きの声

があがる。

　乾いた後、たらし込みの色が強すぎたり、3色がまじってしまい濁ったら、もう一度白をかけ直すと、きれいな狼になる。

　次に、泥棒を彩色する。色のつけ方は、ドロドロ気味の色に、必ず白を混ぜることである。白を混ぜないと色画用紙の黒に負け、沈んだ色になる。一度ぬっても地の色が見える場合は乾いてから重色してもよい。

第4幕
家や道、空を描く（45分）

　ここまでくると、子どもたちが早く描きたくてうずうずしているのが分かる。家や道、空や雨など、最後の部分の描き方を教える。

　家や道や空は、クレヨンや絵の具を使って描く。家は、遠くに見えるよう小さく描く。道は、クレヨンの黄土色や茶を使い、家から手前に向かって道幅が広がるように描く。道を描いたら、空や木を描く。空は、水色か青絵の具で描く。稲妻は黄絵の具で、2～3本描く。雨は、クレヨンで描く。油性ペンで泥棒と狼の目玉を描いて完成となる。どの子も熱中して描いていた。

　後日談になるが、先の『作文宮城』中に、学級の子どもの作文も掲載された。同じ学級から表紙と作文が入ることは、奇跡に近い。それを知った子どもたちは、さらに盛り上がった。

1 展覧会、コンクールで入賞！ 学級が盛り上がる！　　7時間

（6）宮沢賢治を描く「銀河鉄道の夜」

〜根気よく主調色で丁寧に〜　　　　　　　　　　　　井上　和子

元気な5年生は朝会の時にいつも目立っていた。集中して話を聞くことが苦手で、隣の子に話しかけたり、手遊びをしたりと落ち着かなかった。根気のいる作業が苦手で「無理だ」「できない」と投げ出すことが多い。描いた絵を見せてもらうと、描き殴ったような粗雑な仕上がりだった。

「一度で良いからじっくりと丁寧に絵を描かせたい」という担任からの依頼を受け、「銀河鉄道の夜」に取り組むことにした。「銀河鉄道の夜」は、汽車の細かな部分を根気よく描き、主調色で丁寧に彩色をし、じっくりと集中して取り組むことで素晴らしい作品が描けたという成功体験を味わわせることができる作品である。

◆ 準備物
・画用紙（四つ切り）　・油性ペン　・絵の具　・綿棒

◆ 指導の手順
第1幕
蒸気機関車と客車をペンで描く（45分×2）

5年生の教室に入るとすぐ見本作品を黒板に貼った。子どもたちが「すごい」「上手すぎだろう」とざわついた。それらの声を聞きながら「今日から井上先生と

2学期 学級を盛り上げ、学級が楽しくなる題材11選！

お話の絵を描きます。この絵の機関車を見ます。細かい部分までぎっしりと描いていますね。みんなにも挑戦してもらいます」とにっこりと話す。そして、「銀河鉄道の夜」の粗筋を話す。どの子も絵を描くことが分かっているので真剣に聞いていた。「どんな場面を描きたいか、簡単に描きます」とラフスケッチを描かせる。

ラフスケッチができた子から教師が用意したさまざまな汽車の写真から好きなのを1枚選ばせる。ラフスケッチを参考に画用紙のどこに機関車を描くか確認する。

確認したら写真を横に置いて、油性ペンで機関車を描く。「写真をよく見て描きます。描き始める部品を決めたら、隣へ隣へ描き進めていきます。ねじの1本、釘の1本まで丁寧に描いていきます」黒板にチョークで説明しながら描いて見せる。「絵を描くのだから、写真と全く同じでなくても大丈夫。曲がってもその方が良い。大事なのは丁寧に描くことです」と、話した。子どもたちはするべきことが分かっているのでしんとしてペンを動かしていた。

机間巡視をしながら「丁寧ないい線だね」「細かいところまでよく見てるね」と子どもたちの頑張りをほめまくった。描けずに悩んでいる子には赤鉛筆で薄く描き「この上をペンでなぞり、続きを描いてみて」と対応した。機関車が仕上がると客車を描いていった。

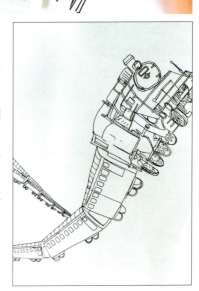

87

第2幕
蒸気機関車と客車を彩色する（45分×3）

　汽車のペン描きが終わると彩色である。子どもたちを教卓の周りに集めて彩色について説明した。「今回の汽車は主調色でぬります。主調色とは赤なら赤の仲間だけでぬることです。赤、青、緑、紫、黄土色の5色中からぬりたい色を決めます」実際に彩色しているところを見せる。「赤をパレットの3カ所に出します。真ん中はそのままの赤。左には青を少し入れます。右には黄色を少しいれます。この3つの赤をそれぞれの専用の筆でぬっていきます。ぬるときは隣に隣に色を変えながらぬります。ぬるのは1回だけで、ごしごしこすりません」長い説明と示範だったが、上手く描けている汽車のペン描きを失敗

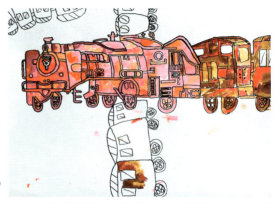

したくないので、どの子も見逃さないように集中して私の手元をみつめていた。
　子どもたちが作った色の濃さを確かめて歩いた。「合格、さぁぬろう」「水が少ない。もう少し水を入れて」「薄いね。絵の具をもう少し足して」3本の筆を使い、色を変えながら少しずつぬっていた。蒸気機関車がぬれたとき「うわぁ、すごく綺麗にぬれた。こんなに上手く描けたのは初めてだ」と感動している声があちらこちらで聞かれた。機関車と客車の主調色を変える彩色について紹介

　すると、その彩色に挑戦する子もいた。

　汽車がぬれたら、汽車の周りにクレヨンの黄色で縁取りをさせる。この後背景の空をぬるときクレヨンが絵の具をはじいてくれるので、汽車の周りも安心してぬることができる。

第3幕
背景を描く（45分×2）

　汽車の彩色が終わると、背景に移る。「汽車がどのような空を走っているか、ラフスケッチを参考に描きます」子どもたちは惑星や星座を楽しんで描いていた。綿棒で小さな星を描いている子もいた。「宇宙をぬるときは、星や汽車の周りには水をぬります。そうすると空をぬる絵の具がほわっとにじみます」

　子どもたちは宇宙の色を3色作り、色を変化させながら汽車や星を避けて丁寧にぬっていた。子どもたちは最後まで集中して作業に取り組むことができた。

　仕上がった作品を掲示すると、子どもたちは自分の作品を探し、嬉しそうに見ていた。「今までで1番上手に描けたよ」「絵を描くのって楽しいな」などの嬉しい会話があちらこちらで聞こえた。

1 展覧会、コンクールで入賞！ 学級が盛り上がる！　4時間

（7）民話を題材にして描く「花さき山」

〜保護者も絶賛する作品完成〜　　　　　　　　　　　　　　小林　俊也

斎藤隆介原作の「花さき山」。この話をもとに、あたり一面に美しい花が咲く花さき山で遊ぶ姉弟（姉妹）の絵を描く。

・黄ボール紙を使うことで昼の場面を、黒色画用紙を使うことで夜の場面を表現できるようにする。
・花の大きさに変化をつけることから、自然に遠近法を理解できるようにする。

　花の形や色など、自分の思うように表現することができる。それだけに、楽しく個性豊かな作品が仕上がることになる。

◆ 準備物

・黒色画用紙（八つ切り程度）　　・黄ボール紙（八つ切り程度）
・絵の具　　・クレパス　　・クーピーペンシル　　・油性ペン

◆ 指導手順
第1幕
下描きをする（45分×2）

　「花さき山」のあらすじを語り、その絵を描くことを伝える。参考作品を見せると、「おー」とか「きれーい」という声が上がった。
　普段、取り組みに真剣さの欠けることが多いAさんも、この絵には強い興味を示していた。

2学期　学級を盛り上げ、学級が楽しくなる題材11選!

　下書きを始める前に、昼の場面にするのか夜の場面にするのか、縦型にするのか横型にするのかを決めさせる。夜の場面だと次のような絵に仕上がる。

　昼の場面にしたい子どもには黄ボール紙を配布し、夜の場面にしたい子どもには黒色画用紙を配布する。その後、縦型にするのか、横型にするのかを決めたところで、描画に入る。

　次の手順で進めていく。

　①のように3本の線を引く。真横にまっすぐ引かないようにする。上から1本目と2本目の間をせまめにしておくように指示する。

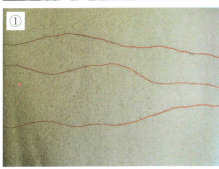

　続いて、②のように、2人の人物を描く。この2人は、姉と妹でもいいし、姉と弟でもいい。描く場所は、②の場所でもいいし、どちらか1人を一番下の段に描いてもいい。なお、ここではクーピーを使用するとよい。白や黄色、黒以外なら、どれでも使うことができる。

③のように、１段目にクレパスで花を描く。使用する色は、黒か白以外ならなんでもよい。１段目の花はできるだけ小さく描く。さらに④のように２段目はその倍、３段目はその倍の大きさで描いていく。なお、花の形だが、全部同じ形にしてもよいし、ちがう形にしてもよい。

　花を描き終えたら、⑤のように線をなぞり、茎を描く。続いて⑥のように山を描く。山の中には、山のでこぼこを表す線を描くと、より山らしい感じが出る。これで下書きの完成となる。

第２幕
着色する（45分×2）

　着色に入る。黒色画用紙に着色する場合は、必ず白を混ぜて色をつけるようにする。そうしないと、きれいな色が出ない。
　まず、花に色をつける。

　⑦のように、花びらをすべて白絵の具でぬりつぶしていく。続けて、⑧のように、赤、ピンク、青、水色、黄色、緑、黄緑、朱色、紫色などの中から好きな色を選び、白の上にぬり重ねていく。色の重ね方には、いろいろなパターンが考えられる。自分なりに工夫して色を重ねていくことができるようにする。さらに、花の真ん中の

部分や茎に色をつけて、花の完成となる。
　続いて人物に色をつけ、山に色をつける。

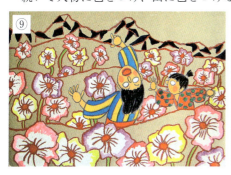 

　山の色は、青、緑、紫、茶色、藍色などが考えられる。⑨のように、三角形や四角形を作るような感じで、山の影の部分に色をつけていく。さらに、⑨で使った色に白を混ぜて、残りの部分に色をつけていく。
　この後、⑩のように空に色をつけ、人物の黒目を描き入れる。空の色としては、藍色、青、緑、紫、朱色等が考えられるが、山の色と違う色にした方がよい。

完成

　最後に、目や鼻、口などを油性ペンでなぞる。これで完成となる。

　完成した子に「おめでとう」と告げると、どの子からも自分の作品に満足していることが伝わってきた。先にあげたAさんも最後まで集中して取り組み、みごとに作品を仕上げることができた。保護者からも、「とても色が美しいですね」「花がすごくきれいです」と大好評だった。

1　展覧会、コンクールで入賞！　学級が盛り上がる！　　7時間

（8）たらし込みの美しさを味わう「雪わたり」

～頑張ることがカッコ悪いと思っている子が～　　　　　　井上　和子

5年生の時に学級崩壊に近かった6年生は、担任が話し出すと目配せをしながらニタッと笑う女子や揚げ足を取ろうとするやんちゃ男子が学級の雰囲気を悪くしていた。また、頑張ることが格好悪いことのように捉えられており、学級に活気がなかった。そんな学級に飛び込みで図工を教えることになった。

子どもたちに、先生の言う通りに頑張って描くと素敵な作品が仕上がり、たくさんほめられるという経験をさせたいと強く思った。そのために、偶然性によって生まれるたらし込みが美しい「雪わたり」に取り組んだ。

◆ 準備物
・白画用紙（四つ切りまたは八つ切り）　　・絵の具　　・油性ペン
・明るい色の水性ペンまたはクレヨン

第1幕
木を描く（45分×2）

教室に入るなり、見本作品を貼ると子どもたちから「わぁ、きれい」「うまい

なぁ」と感嘆の声が次々と上がった。「井上先生とお話の絵を描きます。描くのはこの絵です」と話すと「えぇっ、無理、無理」「絶対描けない」と驚きと拒否の声が教室中に響いた。その声にニッコリと笑顔で返した。「誰だって突然こんな絵を描きなさいと言われても描けませんよね。でも大丈夫です。描き方は井上先生が全部教えます。先生の言う通りに描いたら全員がこのような絵を描けます」と力強く語ると数名の子は頷いていたが、ほとんどの子は疑わしい表情を浮かべていた。

まず、画用紙を縦と横のどちらで描くか決めさせる。そして、鉛筆で地平線を薄く描かせる。地平線は真っ直ぐでなく、曲げて描く。

次に、子どもたちを教卓の周りに集めて木の描き方を説明した。「木を描くのは水性ペンとクレヨンのどちらでも良いです。水性ペンは水でにじむので、にじみの美しさが出ます。線を踏まないように水をつけるので、作業がちょっと難しくなります。クレヨンは水をはじきます。にじみの美しさは出ないけど、少々線を踏んでも大丈夫です。どちらで描くか、自分で選びます」細かい作業が苦手な子は安心したような表情でクレヨンを選び、木を描いた。

木の輪郭が1本描けたら、再び子どもたちを教卓の周りに集めた。「たらし込みに使う絵の具は明るい色が良いです。赤、朱、青、黄、緑、黄緑、紫の中から3～4色選びます。それらの色をパレットに出します。そして、たっぷりの水で絵の具を溶いておきます」たらし込みの手順を実演しながら説明する。「木の内側に太筆でたっぷりと水をぬります。さっきの水で溶いた絵の具を中筆でチョンチョンと置いていきます」チョンチョンと置いた絵の具がふわぁと広がっていく様子を見て、子どもたちから「すごい！」「きれい！」と驚嘆の声があがった。美しいたらし込みを見て、疑わしい表情を浮かべ

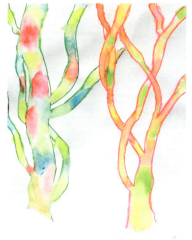

ていた子たちが「面白そう」「早くやってみたい」とつぶやいていた。

　自分の席に帰り、子どもたちは熱中してたらし込みに取り組んでいた。1本目の木ができたら、同じように2本目、3本目を描いていく。教師が「上手いね」「きれいだね」「その調子でいこう」とほめて回ると、子どもたちは嬉しそうにうなずいていた。

第2幕
きつねを描く（45分×2）

　油性ペンできつねを描く練習を行う。1匹目は教師と一緒に描いた。手順は、①顔の輪郭　②鼻　③下あご　④目　⑤耳　⑥ひげ　⑦胴体　⑧しっぽ　⑨前足　⑩後ろ足　である。

　1匹目が描けたら、2匹目、3匹目は自分のペースで好きなポーズを練習した。机間巡視しながら、各自のきつねをほめていく。「このきつね、かわいいね」「このポーズ、いいね」「凄いジャンプだね」ほめるたびに子どもたちは笑顔になり、きつねを次々と描いていた。

　練習を終え、本番だ。「油性ペンで踊っているきつねを1匹描きます。自信がない子は、さっきの練習した絵を横に置き参考にして描いても良いですよ」「ペンで描けたら、絵の具でぬります。色は黄土色、茶色がお薦めです」

　1匹目が仕上がったら、2匹目、3匹目と描き足していく。

第3幕
周りを仕上げていく（45分×3）

　遠景の山は、描いても描かなくても良い。山は薄い青紫で小さな丸をたくさん描いていく。月を鉛筆で薄く描く。月を黄色でぬる。

　空のぬり方は子どもたちを教卓の周りに集めて実演しながら説明した。「空の色は、緑、青、藍、紫から１色選びます。選んだ色にほんの少しだけ黒を混ぜます。水は少な目です。月の周りは１〜２cm残します。木やきつねの周りは２mm残します。筆の動きで空の動きが出ます。細かいところは丁寧にぬっていきましょうね」子どもたちは真剣な表情で聞いていた。空の彩色を始めると教室はし〜んとなった。全員が集中していた。月の周りのぬり残しの部分に水をつける。この水に絵の具がにじみ出て、月の周りをふわ〜っと取り囲む。その色合いが美しい。

　雪原は薄い青でサッサとぬる。月明かりとして薄い黄色もぬる。

　きつねの影は描いても描かなくても良い。影は空の色を水で薄めて描く。

　仕上がった子は満足げな表情で作品を見せ合っていた。そして「先生、ありがとうございます。こんなに上手に絵が描けたの初めてです」と何人もの子からお礼を言われた。

　参観日には保護者から「子どもからうまく描けたから絶対見てよと言われて来ました。本当に皆さん上手ですね」という嬉しい声が届いた。

2 ざわつく学級に特効薬 "このシナリオ"！ 　2時間

（1）思わず笑っちゃう「ピーひょろろ」

〜ざわついている教室に集中力が〜　　　　　　　　　　　末永　賢行

　教室に入るとざわついていて落ち着かない学級に出くわす。ざわつく学級の子どもたちは、ひとつのことに集中して取り組むという経験が少ない。集中力が続かない。教室がシーンとなる経験がない。

　そんなときは、手先を使う工作がよい。それも、作ることが楽しい、作ったもので遊べるものがよい。遊びを通して、友達との交流が生まれる。また、作ったものが大切に思えるものがよい。「先生、いつ持って帰れますか」と、言われる図工をしたい。ざわつく教室がシーンとなる経験を子どもたちにさせたい。

◆ 準備物
・A5（148mm × 210mm）色画用紙（白・黄・黄緑・緑・水色・青・ピンク・赤・オレンジ・茶・黒）　・プラスチックコップ　・ストロー　・割り箸の袋（薄い紙でできたもの）　・セロハンテープ（薄いもの）　・糊　・はさみ　・油性ペン　・タオル

第1幕
吹き戻しを作る（20分位）

　子どもたちの前で、自作の吹き戻しを吹いてみせる。息を吹くと紙筒がスルスル伸び、吹くのをやめると先からクルクル戻る。
　「おもしれー」と男の子が叫ぶ。
　さっそく、作り方を説明する。割り箸の袋にスト

ローを2cmほど差し込み、セロハンテープで止める。次に、割り箸の袋で、ストローを包み込むようにセロハンテープで止める。袋の先からストローに向かって、鉛筆で丁寧に巻いていく。巻きぐせをしっかりとつけるため、もう一度袋を伸ばし、袋の先端に20cmほどの長さのセロハンテープの先端を貼り、一緒に鉛筆で巻いていく。最後まで巻いたら余ったセロハンテープを切る。難しいのでペアで行わせる。早く吹き戻しが作りたいので、協力が生まれる。

第2幕
吹き戻しを吹いてみる（20分位）

　完成した吹き戻しの吹き方を子どもたちに教える。息を吹き込むと、スルスルと伸びる。軽く息を吸うと、クルクルと戻ってくる。息を強く吹きすぎると紙袋が壊れてしまう。子どもたちに話しておく。
　息を吹き込むとスルスルと伸び、軽く息を吸うとクルクルと戻る、単純だが子どもたちは喜ぶ。割り箸袋でつくった吹き戻しでも十分楽しめる。

第3幕
吹き戻しに合う顔を作る（45分）

　白画用紙にストローが通る穴を開けたものを準備しておく。それにストローを通して、割り箸袋でつくった吹き戻しを差し込み吹いてみせる。吹いたり吸ったりして、吹き戻しを伸ばしたり縮めたりする。
　「今度は、この吹き戻しに合う顔をつくります」
　と子どもたちに話す。
　見本を見せたり、顔の作り方をやってみせることで、子どもたちは顔のイメージが膨らむ。早くつくってみたいという気持ちも膨らむ。

A5の色画用紙を半分に折る。次に、顔の輪郭をはさみで切る。

口の部分を切る。その後、目や鼻などのパーツを作る。

顔に目を置いてみて、気に入った配置を見つける。

鼻など、思い浮かんだパーツをつくり、顔に貼っていく。

　ここまでやって見せたら、子どもたちに顔作りに取りかからせる。いつもはざわついて、落ち着きのない学級も、顔を作り始めると驚くほどシーンとなる。顔作りに集中している。面白いからだ。
　そのときを見計らって、「教室がシーンとなるのは、学習に集中しているからです。とってもいいことです」と話す。集中しているときのよい状態を子どもたちに

知らせる。ざわつく学級の子どもたちは、教室がシーンとなる経験がない。知ることで、落ち着いた学習環境を少しずつ理解させていく。

第4幕
顔に吹き戻しをつける（10分位）

　顔ができたら吹き戻しを顔につける付け方を教える。

　プラスチックコップの底に、半分になるようにマジックで線を引く。はさみで半分に切る。コップの上の部分を丸く切り取る。ひとつのプラスチックコップで2人分できるので、ペアで取り組ませる。

　次に、プラスチックコップに、セロハンテープを輪っかにしたものを数カ所貼り、口からストローが出せる高さに合わせ顔を貼り付ける。最後に吹き戻しのストローをセロハンテープで止めて完成となる。

　出来上がったものを見せ合わせ、子どもたちの交流の場を広げていく。

2 ざわつく学級に特効薬"このシナリオ"！　3時間

（2）擬態する新種の生き物

〜クスッと笑う作品づくりで落ち着いた教室に〜　　　　　神野　裕美

　2学期は運動会、音楽会、社会科見学……行事が目白押し。特に6年生は、最高学年としてさまざまな役割があり、行動には責任を伴う。やるべきことが多すぎて、授業中なんとなく落ち着かない雰囲気になってくる。教室を飛び出してしまう子どもがいたり、教師の怒鳴り声が教室から聞こえてきたり。こんな時はお説教ではなく、ちょっと笑いのある楽しい授業をして子どもたちを惹き付けたい。

　佐藤式工作「擬態する新種の生き物」は、簡単な材料ででき、クラス全員が熱中する優れた教材である。「擬態」とは、自分の身を守るために、周囲と似た色や形となってさまざまな場所に身を隠すことをいう。

（写真　左：フクロウ　右：ナナフシ）

　世の中には、擬態をする昆虫や動物がたくさんいる。その様子を写真で次々に見せる。「あっ、ここにいる」「えっ、わかんない」そんな会話があちこちから聞こえてくる。「見つける」という作業が、子どもは大好きだ。
　「今度はみんなが、擬態する生き物をつくりますよ」
　「え〜」「楽しそう〜」
　子どもたちは大興奮。知的な興奮は大歓迎である。ここでたくさんの見本を例示する。見本を見せることで、全くイメージがわかない子どもにも安心感を与えることができる。

2学期　学級を盛り上げ、学級が楽しくなる題材11選！

◆ 準備物
・八つ切り画用紙の4分の1（葉書サイズ）1人2枚　・はさみ　・糊　・水彩絵の具　・付箋　・セロテープ

第1幕
新種の生き物をつくる（45分×2）

① 白画用紙で基本形をつくる

条件：目、口は必ずつくる。耳、鼻、手、足などの部位は自由。

まず教師が目の前でつくってみる。

「つくりたい形が思い浮かぶ人はそのように。思い浮かばない人は、とりあえず顔の形に切ってみます」

「目と口をつけてみます」

② 基本形に部位を加える

「できた顔をじっくり見ます」

「胴体がほしいからこんな形をつくってみました」

「さらにじっくり見ます。なんか足りないなぁ」

「手、足、しっぽもつけてみます。舌もビヨ～ンとだします」

「カエゴンの出来上がり！」名前をつけると親近感がわく。

ものづくりには、「発想から形へ」の場合と、「形から発想へ」の場合がある。思い付かない子どもに「とりあえず形をつくってみよう」の声かけがあるだけで、次への意欲へとつながっていく。

103

③ 2つのグループに分ける

　クラスの中で2つのグループ（A、B）に分けた。最後に「見つけ合いっこ」をするためにである。相手の前でつくっていると簡単に当てられてしまう。今回は、男子チームと女子チームに分けた。お互い遠慮しあって言いたいことが言えないクラスなので、このような活動を通してさらに仲良くなってもらいたいという願いがあった。

　男子Aチームは、そのまま図工室で、女子Bチームは、隣の家庭科室へ移動して作業をするようにと指示をだした。

④ 隠す場所の指定

　Aチームは図工室と廊下。Bチームは家庭科室と廊下を範囲とした。「絶対見つけられない所！」の場所探しが始まった。

⑤ 生き物に「色」をつける

　なぜ、生き物を小さいサイズの画用紙で作らせるのか、それは、色作りが難しいからである。「赤」

でも、壁、紙、床、布、それぞれの質感によって微妙に色が変化する。そっくりにぬるのはかなり高度な技術がいる。子どもたちは色作りに熱中した。隠す場所に置いてみて、友達に「どう？」と確認しながら、何回も修正をしていた。

第2幕
新種の生き物探し（30分）

⑥ 見つけ合いっこゲーム

　まずは、Aグループが隠す。Bグループは1人3枚付箋を持つ。生き物を見付けたら付箋を付ける。探す時間は5分間である。その後、グループを交代する。「あ～見つけられた。くやしい～」「まだ見つかってないよ。やったぁ」あちこちから歓声が聞こえる。

最後まで見つけられなかったものは、昨年度、生徒指導で担任を困らせた男子がつくったものであった。友達から「すごいアイデアだね」と絶賛され、照れ笑いをしていた姿が印象的であった。

電動のこぎりに潜み、木屑をいっぱい体につけている！

第3幕
活動の振り返り（15分）

⑦　新種の生き物に「名前」をつける

　最後に、自分のつくった生き物に名前をつけた。その生き物がどんな特徴をしているのか、また友達の作品のすごい所について書いている子どももいて、お互いの作品の良さを感じていた。

ガガチョウ

イカるごん

「色の工夫がとても大切だと思いました。」
体験から得た学び。

2 ざわつく学級に特効薬"このシナリオ"!　　3時間

（3）モチモチの木の「ランプシェード」

～灯りがついた瞬間、教室に感動が～　　　　　　　　佐々木　智穂

　斎藤隆介の物語『モチモチの木』のクライマックスは、モチモチの木に灯りがともる場面である。このランプシェードにライトを入れて灯りをともすと本当に木が光る。とても幻想的な雰囲気となる。作り方は簡単。コピー用紙に黒筆で木や家を描き、クレヨンで灯りや丘をぬり、空は絵の具でぬると完成する。裏側に色画用紙をつけて、中に電気をつけたタッチライトを入れる。「3、2、1、0！」とカウントダウンをして部屋の電気を消すと、「うわ～！　きれい！」と歓声が上がること間違いなしである。

◆ 準備物

・A4コピー用紙　・A4サイズの色画用紙　・太い筆ペン（なければ絵の具の太筆）　・クレヨン　・絵の具　・綿棒　・アイロン　・新聞紙　・オーブンシート　・タッチライト

◆ 指導の手順
第1幕
丘、木、家、人を描く（45分）

　「縦型にするか、横型にするか決めましょう。決まったら、新聞紙の上にコピー用紙を置いてください」子どもたちに見本を見せながら選ばせる。

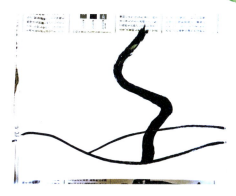

「筆ペンを用意して。まず、丘を描きます。

平らではなく、高い所、低いところを作るといいね」筆ペンがなかったら絵の具の筆に墨汁をつけて描いてもよいが、やんちゃな子たちは、面倒な作業をいやがる。手軽にすぐ描ける筆ペンは用意した方が良い。また、丘は一重でも二重でもよい。

「次は太い幹を描きます。真ん中よりちょっと右か左に描くよ。ぐっと上がったら、右に行こうかな、左かな、やっぱり右だ……というように変化をつけながら突き抜けます」敷いた新聞紙にはみ出すように描く。幹が細くなったときは二重に描いて太くする。

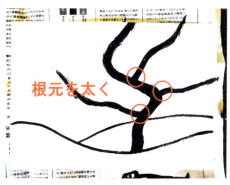

根元を太く

「次に、中枝を3本程度描きます。この枝ものびやかに新聞紙まで突き抜けて描きます」枝を描くときは、幹についているところが太くなるように意識させる。

「中枝から出る細枝を描き足します」

1本の中枝に2本くらい細枝を描くとよい。

木ができたら家を描く。「え〜描けないよ」と言ってくる子には、いくつか見本を板書して「この中から好きな家をまねしていいよ」と言うと、安心する。家は大きくなりすぎないように気を付けさせる。家ができたら、家から延びる道も描く。

最後に豆太をおんぶする医者様を描く。

「難しそうでしょう。でもとっても簡単だからね。一回練習してみよう」そういって新聞紙に練習をする。

「まず頭をぐりぐりとぬります。鼻

とちょんまげをつけておこう。（図①）」

「次は体を長丸でぐりぐり（図②）。そこに杖を持つ手と足を描きます（図③）。そして豆太も同じように描いていくと出来上がり（図④）」「ほんとだ。簡単だ！」１回練習させることで、やんちゃな男の子も、失敗したくない女の子も、安心して道の上に人物を描くことができる。

第２幕
月、灯りを描く（45分）

まず月を黄色のクレヨンで描く。

「月は真ん中や角をさけて描きます。五百円玉よりも大きく。描いたら綿棒でくりくりとこすっておこう」枝に月が少しかかってもよい。三日月にしたいという子がいたらそれも認める。

次はモチモチの木の灯りである。「灯りはピンク、黄緑、水色、オレンジのような明るい色でぬります。黄色は使いません。どうしてだと思う？」「月があるから！」「その通り！　大きさは月より小さくね。枝に半分隠れたのがあってもいいよ」灯りは全部で20個程度描く。灯りは大小をつけるように描かせる。描いた後は、綿棒でこするとクレヨンがきれいに伸びる。その後、木の枝、家、人物を黄色で縁

取り、道や丘は好きな色でぬる。家の灯りはオレンジでぬる。

第3幕
空をぬりランプシェードを作る（45分）

空を絵の具でぬる。紫、藍色、深緑など濃い色でぬると、灯りがよく目立つ。

その後、絵にアイロンをかける。アイロンをかけると、クレヨンがとけてコピー用紙が半透明になり、より灯りが光る。最後に色画用紙を縦半分に折ってテープで作品につける。色画用紙は、黄色、ピンク、黄緑、オレンジ、水色などから選ぶ。完成したらタッチライト（百円ショップで売っている）を中にいれて灯り

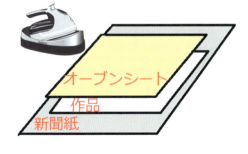

をともす。

全員の作品が完成したらいよいよ点灯式である。教室を暗くして、みんなでカウントダウンをして盛り上げる。教室の電気が消えると「わあ〜！」という歓声が上がる。

また、低学年を招待して『モチモチの木』の読み聞かせをする、「お話し会」のイベントを行ってもよい。最後にランプシェードに灯りをともして見せると低学年の子どもたちも喜んでくれる。

3学期に描かせたい行事・イベント

　高学年の3学期といえば、何といっても、卒業式を意識する学期です。ここでは、卒業式に向けての実践を紹介しています。

　まずは、版画です。卒業式に在校生が演奏をする学校も多いはずです。そこでお薦めなのが「楽器を演奏する自分」です。お正月明けですから、一版多色刷りの「モチを食べる自分」もいいと思います。あるいは、思い切ってステンシルにチャレンジさせるのもいいでしょう。子どもたちが黙々と作業します。教室に彫刻刀の削る音だけ、カッターナイフで切り取る音だけ、ピーンと張り詰めた空気になるかもしれま

せん。それは、とても清々しい空気感でしょう。いずれも、素敵な作品になること間違いなしでしょう。

　そして、いよいよ卒業式を迎える時期となります。あれほど大変だった学級も、しっかり落ち着いてきていることでしょう。特に6年生にお薦めしたいのが「自画像」と「校舎の窓から」です。中学生となる自分を思い

描く教材として最適なものだと思います。自画像は、時間的に余裕があれば、背景に思い出の場所を描かせてみるのもいいです。さまざまなことが思い出され、中学校でもよしがんばるぞ！という気持ちになることでしょう。6年間の最後の締めくくりも酒井式描画指導法です。
　　　　　　　　　　　　　　　（片倉信儀）

3学期

明日に向かって、自分を見つめ直す題材6選！

1　隠れている真剣力を引き出す版画シナリオ！　　7時間

（1）木版の美しさが際立つ「楽器を演奏する自分」

〜彫刻刀で描くように彫って生き生きとした線を表現〜　　佐々木　智穂

どんなことにもいまいち真剣に取り組むことのできない、まとまりのない教室。子どもたちにがんばったら報われる体験をさせたかった。

そこで取り組んだのが木版画である。次のような手順で進めた。①写真をもとに下絵を描き、版木に転写する。②彫刻刀で彫る。③版画用紙に刷る。大きく分けて3段階あるこの版画の手順の中で、私は「彫り」に力を入れて授業を行った。他の段階は、子どもを頑張らせ過ぎないようにした。このシナリオを行ったことで、丁寧に彫った板が刷り上がった瞬間、やんちゃな男の子が笑顔になった。（5年生作品）

◆ 準備物

・版木（A3サイズ）　・彫刻刀　・版画用紙（四つ切り）　・カーボン紙
・版画インク　・ローラー　・バレン　・練板　・新聞紙　・墨汁　・筆
・黒サインペン　・鉛筆　・赤鉛筆

◆ 指導手順

第1幕
下絵を描く（45分×2）

絵が苦手で集中力のない子は、始めが肝心である。「これなら、やってもいいかな」「できるかもしれないな」と思わせる投げかけをする。

「学習発表会で演奏した時の様子を版画で表します。でも、どんな構図にするかを決めるのは難しいよね。だから、みんなが楽器を演奏するところを撮影した写真を参考に下絵を描くよ」下絵のサイズと同じA3の大きさに拡大印刷した写真をそ

手や目や口は大きめに強調

れぞれ渡す。つまり版画の構図は教師の腕にかかっているということである。基本的に、写真を見ながら別の紙に下絵を描くのであるが、見て描くのもやらない子がいる。そういう場合は、写真を写し取るのも可とした。写すのであれば、やることが明確なので、飽きっぽい子でもできる。また、見て描くことに挑戦している子には、強調したい部分を写真より大きく描くように指示した。

第2幕
転写、墨入れする（45分×2）

　版画板に薄墨をぬったものに転写する。この板の方が、市販の水色などの色がぬってある板より刷り上がりをイメージしやすい。

　板と下絵の間にカーボンを挟み、赤鉛筆でなぞっていく。なぞりが終わったら教師の方で点検する。「おしいなあ。爪をなぞり忘れているよ」「ここの線が途切れているね。つないでおこう」下絵が反転するのが嫌な子には、

下絵を鏡面コピーするとよい。転写が終わったら黒いマジックで太くなぞり、黒くしたいところを墨でぬりつぶす。また、空間が気になるときは、写真のように後からもう一人描き足してもよい。

　この段階で全員の作品をよく見ておく。飽きっぽい子の作品は、線が中途半端でつながっていないものが多い。また、太くするのを忘れているところもある。そういうところは教師の方で修正しておく。この授業のメインは「彫り」である。彫りがしっかりできるように前段階の準備をきちんとすることが大事である。

第3幕
彫刻刀で彫る（45分×2）

　彫りで使う彫刻刀は、基本的に丸刀である。人物を表現するための柔らかい質感を出せるからである。
　彫るときは、「刀で描くように彫る」「黒線から彫る」という2点を意識させる。下絵の線があってもそれに縛られることなく、強弱をつけながら彫っていく。
　「今日は手を彫ります。片方の手ができたら先生に見せてください」集中して作業をすれば結果が出るという成功体験を積ませたかった。この「彫り」で心掛けたのは、限定した個所を丁寧に彫ることの連続である。
　顔は重要パーツである。黒線が決壊してしまってはどうにもならない。そこでダメージの少ない手から彫らせ、彫刻刀に慣れさせる。片手ができたら確認する。「ここがいいね。この部分は削れちゃって惜しかったね」「先生もうだめだ。うまくできない」こんなことを言う子がいた。「大丈夫だよ。ここは難しいからね。この部分だけやってあげよう」子どもががんばれるように、時には手伝った。このように始めのうちは細かく確認しながら、ほめ励まし続けた。すると、手が終わる頃には子どもたちは彫りに慣れてきた。始めざわざわしていた教室が、彫る音だけが聞こえるように変わっていった。手が終わったら次は顔。目は最重要パーツなので、特に気をつけて見る。「目は命だからね。白目のところだけは三角刀で決壊しないように彫っておくよ」頬は顔を洗うようにお化粧をするように丸く彫らせ、質感を出した。やり方がわかると、子どもたちはさらに集中していった。

三角刀で彫る

第4幕
版画用紙に刷る（45分）

　子どもたちは刷りをとても楽しみにしていた。まず、版木に木くずがついていないか確認する。私はミニ箒やコロコロ（粘着クリーナー）で表面をきれいにしてから刷るようにしている。

　また、きれいな作品を作ろうとすると、刷りは大変難しい。だから、基本は教師がインクをつける。インクをつけた版木に、つるつるの面を下にして紙を載せ、バレンでこするのは子どもたちである。刷り上がった作品や版木の始末など、一連の流れをシステム化していくとよい。役割分担をすることで子どもたちは自然に協力して作業するようになった。

　作品の出来栄えが決まるのが刷りである。黒がきっぱり出るように丁寧に刷ることを心がけ、子どもたちが満足できる仕上がりとなった。

◆ **コンクールに出品・参観日に掲示**

　できた作品はコンクールに出品した。クラスから特選を含め4人が入賞した。外部から評価されたことは、子どもたちにとって自信になったようである。また、参観日に掲示をすると、他の学年の保護者も立ち止まって作品に見入っていた。そのことを伝えると、子どもたちはうれしそうに笑顔になった。

1 隠れている真剣力を引き出す版画シナリオ！　5〜6時間

（2）黒の画用紙がいきる一版多色刷り「モチを食べる自分」

〜けがの心配が少ない版画指導〜　　　　　　　　　　佐々木　智穂

6年生の作品

落ち着きのない学級で版画の授業を行う時、一番心配なのが彫刻刀によるけがである。この一版多色刷り版画は、彫刻刀で彫るのが線だけなので、けがの心配が普通の版画よりも軽減される。また、絵の具をぬってめくって見た時の感動が大きい。白黒の版画とはまた違った味わい深い作品ができるのがこのシナリオの良さである。

①下絵、②彫り、③刷りという3工程ある版画だが、このシナリオは「刷り」に重点を置いて指導をする。モチの白を美しく引き立たせるところにポイントを置いて指導した。

◆ 準備物
・コピー用紙（B4サイズ）　・鉛筆　　・油性黒マジック　　・彫刻刀
・版画板（八つ切り）　・黒画用紙（版画板と同じ大きさ）　・絵の具
・バレン　・セロハンテープ　・墨汁　・刷毛　・カーボン紙　・赤鉛筆

◆ 指導手順
第1幕
下絵を描き板に転写する（45分×2）

「今年の版画はおモチを食べているところの一版多色刷り版画です。できあがるとこんな風になります」教師の参考作品を見せると「すご〜い！」と声が上がった。「難しそうに見えるでしょう。でも大丈夫。先生がしっかり教えるから、がんばろうね」まず下絵を描く。4枚の見本を見せて、「この下絵を参考にして描きます。箸を持っているところがどうしても難しい人は、おモチを両手で持ってびよ〜んと

3 学期　明日に向かって、自分を見つめ直す題材6選！

伸ばしているところでもいいですよ」と話した。この版画のポイントは「刷り」なので、下絵では、子どもたちが困らないように手立てを踏んだ。下絵ができたら、カーボン紙をはさんでコピー用紙をセロハンテープで板に固定し、下絵を赤鉛筆でなぞる。刷ったときに反対に映るのを嫌がる子には、下絵を鏡面コピーしてあげるとよい。板は両面に薄墨をぬっておいた。彫った跡がよく見えるようにするためである。赤鉛筆でなぞっ

ただけでは線が細いので、上から油性マジックで板をなぞり太くしておく。子どもたちの作品を見ると、線を写すときに間違ってしまった線がごちゃごちゃしてしまったものがあった。そういう時は、教師の方で必要な線を赤マジックでなぞるなどして整理してあげることが必要である。

第2幕
彫刻刀で彫る（45分×1〜2）

　子どもたちを集めて実際に彫って見せた。「いよいよ彫りに入ります。一番上の彫り方はうどん彫り。同じ太さで変化がありません。ダメな彫り方で

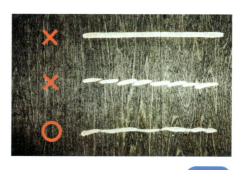

す。2番目、切れ切れ彫り。これもダメです。3番目、変化彫り。このように途切れないけど変化をつけながら彫るようにしましょう」今回は、彫った線が刷ると画用紙が黒いので黒く残る。だから、丸刀で太めに彫るように心がける。「もっと線に変化が欲しいなあ」「太く彫ってね」「とってもいい感じ」「うまいよ」など声をかけながら回った。子どもたちははじめは話しながら彫っていたが、次第に集中して彫るようになった。

第3幕
刷る（45分×2）

　一版多色刷りの醍醐味は刷りである。ここをしっかりと指導しなくてはならない。

　まず、板と黒画用紙を長辺でしっかりテープ止めをする。縦の構図でも、横の構図でも、板の長いほうの辺をテープで止めることでめくったときのずれが少なくなる。

板の長い辺をとめる

　基本的に、絵の具には水を混ぜない。白絵の具を必ず入れ、どろどろに色を作る。顔や手は黄土色に白を混ぜた色を中心に、黄色や朱色で変化をつけて色を作った。そして、絵の具を筆で板に少しつけて、バレンで強くこする。これを繰り返す。刷ったときに、画用紙の黒地が少し見えるくらいがちょうどよい。べたっとならないように刷る。

　刷りは根気のいる作業である。飽きっぽい子には、はじめ隣について板

顔の色は3色作ってぬる

3学期 明日に向かって、自分を見つめ直す題材6選！

に絵の具をつけてやり、こすってめくることをさせた。慣れてくるとだんだん自分でやる部分を増やしていった。はじめは集中力が途切れがちだったが、「いいね。きれいに出てるなあ」などとほめながら続けていると、刷りにどんどん集中してくるのがわかった。そして、最後には、自分でちょうどよい濃さに刷ることができるようになった。

また、このシナリオは「モチ」の白さが重要なので、モチが目立つように器の中を暗くしたり、服の色には黄色や白を使わないように指示した。子どもたちは服を迷彩色にしたり、縞模様にしたりして工夫をしていた。他にも、モチの白を生かすために背景は黒いままにしておくのもポイントの一つである。

◆ 廊下に掲示する

廊下に掲示したところ、「どの作品も味があるね」「家に飾りたい作品ですね」などの言葉を他の教師からもらった。作品を見た子どもたちもうれしそうだった。

子どもたちが自信をつけることができるようになった一作品となった。

119

1 隠れている真剣力を引き出す版画シナリオ！　8時間

（3）一度はチャレンジさせたい ステンシル1「ごんぎつね」

～1年間を達成感を持って終わらせる～　　　　　　　　　　　　　　神野　裕美

　3学期は行事に追われて大忙しだった2学期とは違い、1つのことにじっくりと取り組ませることができる。昨年度末、各クラスで生徒指導上の問題が起きている5年生の飛び込み授業を行った。1年間のまとめを達成感をもって終わらせたい。ステンシル版画「ごんぎつね」に取り組むことにした。

　「ごんぎつね」は、日本文教（5・6年下）「物語から広がる世界」で取り扱った。授業時間は8時間である。場面を描くこととカッターナイフで切り取る型紙作りが指導のポイントとなる。

① 型紙下書き　　　　　　　（2時間）
② カッターナイフで切り取る（4～5時間）
③ 彩色　　　　　　　　　　（1時間）

◆ 準備物

・八つ切り白画用紙　・黒つや紙（厚）　・カッターナイフ
・カッターマット　・墨　・水彩絵の具　・スポンジタンポ（3本）

第1幕
型紙をつくる（45分×2）

　ごんぎつねは、4年生国語の教科書教材（光村図書）である。場面絵で表すのは、終末部分のクライマックスではなく、第五場面。

> 「月夜の晩、細い道を、兵十と加助が歩いています。ごんは二人の話を聞こうと思って、兵十の影法師をふみふみいきました。」

　なぜ酒井氏がこの場面を選んだのか、酒井式描画・佐藤式工作専門誌「SOUPLE 74号」（発行者　TOSS酒井式札幌サークル）の中で詳しく紹介しています。

ポイント1　造形のキーワードは、一直線

　造形の上での面白さは、「一直線構図」である。

> 月 → 兵十と加助 → 2人の影法師 → ごん

　「一直線構図」の中で「遠近」についても触れる。道が遠くにつながっているように先細りの道を描くことを教える。その時、まっすぐの道は描かない。水平・垂直は禁止。酒井式の基本を押さえる。

①白い画用紙を縦に使うか、横に使うかを決める。
②画用紙のまわり1cmほど余白をつくるように線を引く。
③道、ごん、兵十、遠くの景色を、鉛筆で薄く位置をとる。
④きつねを描く。

余白には何も描かない

　「きつねを自由に描きなさい」と言っても「かけねぇ〜」と机に突っ伏してしまう子どもが出てきてしまう。「きつねの描き方を教えます。先生の言うとおりに描いてごらん。難しいと思っている人もしっかり話を聞けば大丈夫」

生徒指導上問題のあるクラスとは思えない程、子どもたちは私の話をよく聞きながら熱心に取り組んでいた。一時に一事の作業指示。また図工室ではなく、教室で取り組んだことで、指示が通りやすくなり効果的であった。

⑤兵十と加助、遠くの家、山、田んぼ等を描き入れる。
　昔の人の髪型や、会話しているように見える描き方、昔風の家に見える屋根の描き方等、一つ一つ描くポイントを教えることで、子どもは安心して描き進めることができた。それでも描くことが困難な子どもがいる。そういう子には、見本を渡して、「同じように描いていいんだよ」と伝えた。

ポイント2　白黒はっきりさせる

⑥カッターナイフで切り取る作業の前に、どこを切るのか、どこを残すのか、白黒はっきりさせることがポイントとなる。黒い部分が残る所。白い部分が切り取る所である。
　残すところを、墨や黒サインペンで色をつけていく。太く線を描くほうが良い。曖昧な線はカッターで切りとりにくい。ごんや兵十が切り取られないように、線でつなぐことも教える。混乱する子どもがいるので、完成品と比べたり、切り取ったものを見せたりして理解できるように工夫した。

兵十やごんが切り取られないように道路の線とつなげた。

第2幕
カッターナイフで切り取る（45分×4〜5）

ポイント３　カッターナイフを使った切り方

⑦一番細かい部分から切り取ることと、少しはみだすように切り込みを入れることを指導する。カッターナイフの使い方を確認した後は、集中と根気の時間。黙々と切り取っていく子どもたち。荒れているクラスでカッターナイフを使用するのは配慮を要するが、何をするかがわかっているので、どの子も集中して作業をすることができた。「一番細かくて大変な部分から切り取るんだよ」この指示は、子どもを集中させる魔法の言葉だと感じた。

第3幕
彩色する（45分）

⑧型紙と黒つや紙をずれないようにセットする。
⑨スポンジタンポで彩色する。
　絵の具には必ず白を混ぜる。水は使わない。
⑩型紙をはずしたら完成。

筆の扱いが苦手な子どもも簡単・きれいに彩色できる。

　出来上がった作品を見て、どの子も満足そうな顔をしていた。大変だったからこそ完成した喜びは大きい。授業を見学した校長が、子どもたちの変容に驚いた。「ぜひ図工でこの子たちの自己肯定感を上げてほしい」　酒井式を通して、子どもの事実を生み出している。

1 隠れている真剣力を引き出す版画シナリオ！　　4時間

（4）一度はチャレンジさせたい　ステンシル2「ホタルブクロの花」

〜心奪われる美しい作品づくりを〜　　　　　　　　　　　伊藤　新吾

ステンシル作品の美しさにはどんな子も心を奪われる。やんちゃな子も描きたい気持ちが湧くはずだ。

子どものモチベーションは高まる。問題は完成まで時間がかかりすぎることだ。

これを短時間で完成させる方法がある。バックを黒にすることだ。

闇の中に浮かび上がる花の美しさとステンシル、スパッタリングという初めての表現に惹かれ、子どもたちは夢中で取り組むだろう。（6年生作品）

◆ 準備物

・水彩セット　・黒つや紙（八つ切り・厚め）　・下描き用ケント紙
・台所用スポンジ　・油性マジックペン　・カッター　・カッターマット
・歯ブラシ

◆ 指導手順

第1幕
話を聞き、下絵を描く（45分）

「今日からこんな作品を作ります」と完成作品を子どもたちに見せる。教室からは「おぉ〜」の声。やんちゃ男子は「何それ、どうやって描いたの？」と前に出てきて作品を触り出した。まぁまぁ、と席に押し戻しながら話す。

3学期　明日に向かって、自分を見つめ直す題材6選！

「これは、ステンシルっていう技とスパッタリングっていう技を使って描きました。きれいでしょ？」子どもたちは頷く。「スポンジと歯ブラシを使えば誰でもできます。みーんな必ず大成功します」普段は「めんどくせー」と叫ぶ子も黙って聞いている。

「ホタルブクロの花」（注1）という話を聞かせた（ホタルがホタルブクロの花の中に入る場面がある話なら、どう創作しても良い）。ホタルブクロの花を見たことがない子がほとんどであったため、花の写真も見せた。

まずは、花をマジックで描く。「ホタルが入りそうな形にしますよ」と指示し、傾きを変えたり、重なりを作ったりしながら5〜10個描かせた。

茎と葉を鉛筆で描く。茎は3本程度、まがったり重なったりするように描く。

次にホタルを描く。飛んでいるもの、葉の中に半分はいっているものなどバリエーションをつける。

花もホタルも見たことがない子どもたちは「こんな感じでいいのかなぁ」と少々不安そうであったので、「大丈夫、大丈夫」「うまくいっているよ」と励ました。

下絵ができたら太いマジックでなぞる。

色をつけたい部分をカッターで切り取ることになるので、線が細ければうまく切ることができなくなってしまうからだ。

第2幕
カッターで切り抜く（45分）

なぞり終わったら、色をつける部分をカッターで切り抜いていく。

ステンシルはこの作業に時間がかかる。が、このシナリオではバックは切り抜かず、花と茎と葉、ホタルのみだ。その分驚くほど短時間で出来上がる。

子どもたちは黙々と切り抜く作業に集中した。「やることがはっきりしていて楽

しい」「切り抜く部分がすぽっと抜けると嬉しい」と言う。活動中に「どこを切り抜いたらいいか分からなくなる」と悩む子がいた。そこで、切り抜くべき場所を赤鉛筆で薄くぬってからカッターを使うように指示した。

第3幕
スポンジで色をつける（45分）

　小さく切ったスポンジを使って着色する。
　準備として黒つや紙の上に下絵のケント紙を重ね、ポンポンとはんこを押すように色づけしていく。
　「花の色を選んでパレットに出します。青でも、紫でもオレンジでも、ピンクでもいいです。きれいな色を選びます。ただし茎や葉と色がかぶるので、緑の花はやめておきましょう」と話した。
　絵の具には白色をたっぷり入れ、逆に水はほとんど入れない。
　花の色を変化させるとより美しくなることも話し、実際にやってみせる。
　子どもたちは本当に楽しそうに作業した。ケント紙をめくって確認する度にうっとりしている様子がよく分かった。「先生、俺の見て！　きれいでしょ」とやんちゃ男子も声を上げて喜んだ。茎、ホタルも同様に黄緑や緑（必ず白を足すこと）で着色した。

※左はケント紙の上から着色した様子。めくると右のように黒つや紙に色がうつっている。

第4幕
歯ブラシで色をつける（45分）

最後にホタルの明かりをスパッタリングでつける。

絵の具はオレンジや黄色に白を足して作る。水はあまり入れない。歯ブラシに絵の具を付けて指ではじくときれいにしぶきが飛ぶ。丸い穴が開いた画用紙を画面に置いて行うと、明かりが丸くできあがる。

これも初めて体験する表現方法なので子どもたちは大張りきりだった。「楽しい〜」「もっとホタルを描けばよかった。まだやりたいよ〜」とわいわい言いながら活動していた。

◆ 卒業式の壁飾りに

作品は子どもたち自身の卒業式の装飾となった。壁一面に飾られたホタルブクロの花に見送られて子どもたちは小学校を巣立って行った。

卒業式後には体育館に戻ってきて絵をバックに記念写真を撮る子がいた。「小学校生活の最後に一番気に入った絵が描けた」と嬉しそうに笑っていた。

（注１）『酒井式描画指導法２』（酒井臣吾著、明治図書）

2 中学生になる自分を思い描く題材！ 9時間

（1）自分発見の「自画像」

～6年間の思い出の場所で～　　　　　　　　　　　　　　　片倉　信儀

かなり賑やかだった子どもたちと図工専科として1年間関わってきた。2学期に酒井式シナリオ「遠近のある風景」を追試した。その頃から比べ、かなり落ち着いてきた3学期に実践したシナリオである。この中の1点が東京書籍の教科書に掲載された思い出のシナリオでもある。（このシナリオは『酒井式描画指導法の追試「ツルリ」とした顔よ、さようなら』〈大河内義雄著・明治図書・1991年刊』〉に掲載されている）

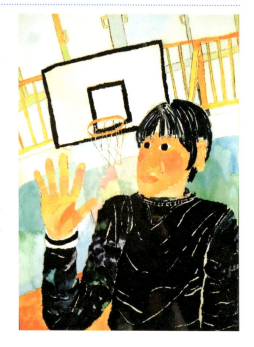

 準備物
・四つ切り白画用紙　・絵の具
・コンテ（こげ茶）

第1幕
顔を描く（45分＋15分程度）

このシナリオは「おはなし」から始まっている。私は所々を置き換え、目を閉じさせて聞かせた。次のようなおはなしである。

> あすは卒業式です。「もうこの学校ともお別れか」そう思うと、すぐに家に帰ってしまう気にはなれませんでした。そこで、私は学校の中をひとまわりしてから帰ることにしました。図書室―よく来たなここも。ポスターセッションの練

習をたくさんしたよなー。本もいっぱい調べたなー。次は、1年生のときの教室。そう、1年2組。先生は…のりこ先生。よーく遊んでもらったなー。鬼ごっこ、今はあんまりやらなくなったなー。先生に会いたいなー。最後に、私は一番好きな場所に行ってみることにしました。何度か来た思い出の場所です。私はそこに立って、記念写真でも写すときのように、ちょっとポーズをとりました。「ああ、お別れ」そう思うと、ちょっぴりさみしくなってきました。「中学校か、がんばろう」そう思うと、体にグッと力が入ってきました。「さあ帰ろう」職員室をのぞくと、先生がいました。私はいつものように手を振って「さようなら」を言ってにっこり。「先生。あしたね」

(前掲書 p.38)

　読み終わった後、子どもたちの思い出の場所を聞いてみた。「6年生の教室」「校庭の遊具」「図書室」等が出された。

　「今日は自分の顔を描きます」と言って、画用紙を渡した。今までは、正面からしか顔を描いたことがなかったので、斜めから描くよといったところ、全員が驚いていた。一番のやんちゃ坊主だった子が「むりむり。先生、俺むり」と言ってきたので、にこっと微笑んで「先生の言うとおりにすれば大丈夫だよ。遠近も描けたでしょう」と言ったら、納得していた。左のような鼻を黒板にかき、説明していった。

第2幕
体を描く（45分＋15分程度）

　「おはなしの中に、ポーズをとったというところがあったよね。頭に浮かんだポーズをとってみて」と話した。いろいろと考えていたが、「ピース」や「やあっ」というポーズに落ち着いた。

　描く順序は「手（手首から先）→首→えり→肩→腕」だった。次のような作品ができあがった。ここで、気をつけたのは、服のシワを描くということだった。

第3幕
彩色する（45分×3程度）

　まず、人物から彩色する。この頃、私は肌の色は「黄土色」をベースにするということをまったく知らなかった。前掲書に書かれていた三原色「赤・青・黄」と白で彩色させていた。今なら、「黄土、黄、茶、赤や朱」で彩色させる。

　黄土に黄、黄土に茶、黄土に赤（朱）を混ぜたものを三種類位作り、それらの色で彩色していく。

　左の写真のように、ほっぺや鼻の辺りはちょっと濃い色で彩色すると良い。より立体的に見えるからである。

　私が一番気をつけたのは、服のシワというかよじれているところだった。どうしても、のっぺらぼうな服になってしまうので、コンテでしっかり描かせていたところを濃くぬらせた。服は絵の具の濃淡に気をつけさせた。右の写真のようにである。

第4幕
背景を描く（45分＋15分程度）

　おはなしの中に出てきている「一番好きな場所」に行かせて描かせる。気をつけることは次の２点である。
・コンテの線をうすく描く。
・水平、垂直を排す。
　教室の前、図書室の中、体育館等が多かった。なお、時間に余裕の無い子の場合は（作業の丁寧な子等）前頁にあるように、背景を水色や黄色や橙色等で彩色させる。水を多くしてタプタプの絵の具でぬらせると良い。

第5幕
背景を彩色する（45分×2程度）

　人物よりも薄くぬらせるのがポイントとなる。あくまでも、人物が引き立つようにである。卒業前、中学生になる自分を描かせてみたいからだ。
　私は、これらの絵を卒業式会場に掲示した。体育館の後方である。保護者の方々はもちろんのこと、来賓の方々も見ていた。

2 中学生になる自分を思い描く題材！　　8時間

（2）さようなら教室「校舎の窓から」

～落ち着きのない学級の作品が特選に～　　　　　　　片倉　信儀

落ち着きのない学級に図工専科として入り、指導した作品である。

左は、全国教育美術展特選、「トークライン」の表紙となった作品である。

賑やかで落ち着きのない学級でも、いや、学級にこそ相応しいシナリオである。（このシナリオは「酒井式描画指導法第3集・シナリオ：対象を見ないで描く」（明治図書・1992年刊）に詳しく掲載されている）

◆ 準備物

・四つ切り白画用紙　・絵の具　・4号、6号、20号の筆　・油性マジック

第1幕
家を描く（45分＋15分程度）

　図画板と油性マジックを持たせて、子どもたちを屋上に連れて行った。もう、これだけで子どもたちはワクワクドキドキしていた。その様子が手に取るようにわかった。

　そして、次のように言った。「どの家でもいいから、小さめの家を一軒きめます」「えっ、どういうこと？」という声が聞こえたので次のように話した。

　「例えば市役所でもいいのですが、あれは大きすぎますよね。だから、その隣の赤っぽい屋根の小さい家に決めるんですよ」これで、子どもたちは納得したようで、家を一軒決めて描きはじめた。ここで大切なことは、今描いたものと接続している

ところを描くことである。隣、隣と描かせる。左の写真のようにである。

　酒井臣吾氏も前掲書の中で、次のように言っている。「といっても、上のように大きく描いた子が多くおります。…小さく描くという指示は、十分に徹底させるよう留意してほしいと思います。」

　私は、一人ひとりをしっかり観察し、大きくならないよう声がけをしていった。子どもたちは楽しそうに描いていた。

第2幕
隣、隣と描き進める（45分×2程度）

　この時間も屋上で描かせた。子どもたちはもうニコニコ笑顔だった。とにかく、隣、隣へと描かせていった。酒井氏は次のように言っている。「教師は巡視して回っている間中、もう感激しているだけでよいのです。」これを忠実に追試した。ほめてほめて感激しまくった……という感じである。

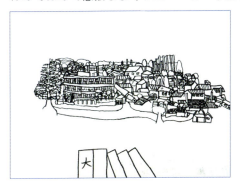

　左の写真ぐらい描いたところでストップさせ、教室に戻ってから全員の絵を黒板に貼った。34枚並んだ作品は、どれも見応えがあった。「〇〇君の作品すごーい」「〇〇さんの作品ていねい」等、中には「俺の絵すごいだろう」という強者もいた。やんちゃ軍団のボスだった子である。

第3幕
窓枠を描く（45分×2程度）

　この時間は教室で行った。まず、窓から見える風景を眺めさせた。3階の校舎だったので、屋上から見させた風景とあまり違いはなかった。「今日は、この窓の枠を描きます」と告げると、子どもたちは一斉に「えーっ！」と言って驚いていた。

　窓枠が水平・垂直にならないように描かせていった。なぜなら、絵に面白みがなくなるからである。子どもたちの心が「守り」になってしまい、描写をしながら新しい世界へ踏み込む姿勢が弱くなるからである。

　その際、実際には窓際にないものも描いてOKとしたので、左の絵のようなものを描いていた子もいた。

　とにかく、窓枠を水平・垂直に描かせないようにしたい。

第4幕
彩色する（45分×3程度）

　彩色の仕方はさまざまで、主調色で彩色したり、家々の屋根から彩色したり、空から彩色したりする。私は、屋根から彩色していかせた。屋根の彩色で気をつけることは、原色のまま彩色しないということである。赤い屋根なら、茶色に赤を少し

加える程度、青い屋根なら青に赤や茶、黄土を加えて彩色する。

　家々の屋根、樹木や草、窓枠、カーテン、手前の物の順で彩色させていった。そして、最後に空を彩色させた。

　一番気をつけさせたのは「窓枠」だった。単純な灰色だけではなく、それに青、赤、黄を少量混ぜて彩色させた。

　空の彩色の仕方については前掲書に次のように書かれている。

> 　まず、空は青色と決めてしまわないこと、もうひとつは、空は横に流れていると決めてしまわないことです。空は七色です。空は横にも縦にも斜めにも流れます。自由自在に表現させましょう。

　卒業も間近に迫った３学期にぜひチャレンジしてほしいシナリオである。ただ、寒くなるので、屋上に上がるのは11月までにすれば良い。後は、暖かい教室の中で６年間の出来事を思い起こしながら、ゆっくりじっくり描かせてほしい。

○執筆者一覧

酒井 臣吾	酒井式描画指導法研究会主宰	小林 俊也	熊本県熊本市立春日小学校
片倉 信儀	宮城県大崎市立東大崎小学校	相浦 ゆかり	新潟県上越市立高田西小学校
		神野 裕美	埼玉県入間郡三芳町立三芳小学校
佐々木 智穂	北海道帯広市立東小学校	井上 和子	徳島県小松島市立坂野小学校
廣川 徹	北海道歌志内市立歌志内小学校	熊谷 一彦	宮城県塩竈市立玉川小学校
伊藤 新吾	北海道北見市立常呂小学校	菊地 耕也	宮城県美里町立不動堂小学校
原口 雄一	鹿児島県志布志市立志布志小学校	末永 賢行	宮城県柴田町立船迫小学校
上木 信弘	福井県越前市立国高小学校		

酒井式描画指導で"パッと明るい学級づくり" 3巻
高学年が描くイベント・行事＝学校中で話題の傑作！題材30選

2017年4月1日　初版発行

編著者　酒井臣吾（さかいしんご）　片倉信儀（かたくらのぶよし）
発行者　小島直人
発行所　株式会社 学芸みらい社
　　　　〒162-0833 東京都新宿区箪笥町31番 箪笥町SKビル
　　　　電話番号 03-5227-1266
　　　　http://www.gakugeimirai.jp/
　　　　E-mail : info@gakugeimirai.jp
印刷所・製本所　藤原印刷株式会社
ブックデザイン　荒木香樹

落丁・乱丁本は弊社宛お送りください。送料弊社負担でお取り替えいたします。
©Shingo Sakai, Nobuyoshi Katakura 2017 Printed in Japan

ISBN978-4-908637-37-7 C3037